AF672928

GRöLS Verlage

„BÜCHER SIND WIE FALLSCHIRME. SIE NÜTZEN UNS NICHTS, WENN WIR SIE NICHT ÖFFNEN."

Gröls Verlag

Redaktionelle Hinweise und Impressum

Das vorliegende Werk wurde zugunsten der Authentizität sehr zurückhaltend bearbeitet. So wurden etwa ursprüngliche Rechtschreibfehler *nicht* systematisch behoben, denn kleine Unvollkommenheiten machen das Buch – wie im Übrigen den Menschen – erst authentisch. Mitunter wurden jedoch zum Beispiel Absätze behutsam neu getrennt, um den Lesefluss zu erleichtern.

Um die Texte zu rekonstruieren, werden antiquarische Bücher von Lesegeräten gescannt und dann durch eine Software lesbar gemacht. Der so entstandene Text wird von Menschen gegengelesen und korrigiert – hierbei treten auch Fehler auf. Wenn Sie ebenfalls antiquarische Texte einreichen möchten, finden Sie weitere Informationen auf www.groels.de

Viel Freude bei der Lektüre wünscht Ihnen das Team des Gröls-Verlags.

Adressen

Verleger: Sophia Gröls, Im Borngrund 26, 61440 Oberursel

Externer Dienstleister für Distribution & Herstellung: BoD, In de Tarpen 42, 22848 Norderstedt

Unsere „Edition | Werke der Weltliteratur“ hat den Anspruch, eine der größten und vollständigsten Sammlungen klassischer Literatur in deutscher Sprache zu sein. Nach und nach versammeln wir hier nicht nur die „üblichen Verdächtigen“ von Goethe bis Schiller, sondern auch Kleinode der vergangenen Jahrhunderte, die – zu Unrecht – drohen, in Vergessenheit zu geraten. Wir kultivieren und kuratieren damit einen der wertvollsten Bereiche der abendländischen Kultur. Kleine Auswahl:

Francis Bacon • Neues Organon • **Balzac** • Glanz und Elend der Kurtisanen • **Joachim H. Campe** • Robinson der Jüngere • **Dante Alighieri** • Die Göttliche Komödie • **Daniel Defoe** • Robinson Crusoe • **Charles Dickens** • Oliver Twist • **Denis Diderot** • Jacques der Fatalist • **Fjodor Dostojewski** • Schuld und Sühne • **Arthur Conan Doyle** • Der Hund von Baskerville • **Marie von Ebner-Eschenbach** • Das Gemeindekind • **Elisabeth von Österreich** • Das Poetische Tagebuch • **Friedrich Engels** • Die Lage der arbeitenden Klasse • **Ludwig Feuerbach** • Das Wesen des Christentums • **Johann G. Fichte** • Reden an die deutsche Nation • **Fitzgerald** • Zärtlich ist die Nacht • **Flaubert** • Madame Bovary • **Gorch Fock** • Seefahrt ist not! • **Theodor Fontane** • Effi Briest • **Robert Musil** • Über die Dummheit • **Edgar Wallace** • Der Frosch mit der Maske • **Jakob Wassermann** • Der Fall Maurizius • **Oscar Wilde** • Das Bildnis des Dorian Grey • **Émile Zola** • Germinal • **Stefan Zweig** • Schachnovelle • **Hugo von Hofmannsthal** • Der Tor und der Tod • **Anton Tschechow** • Ein Heiratsantrag • **Arthur Schnitzler** • Reigen • **Friedrich Schiller** • Kabale und Liebe • **Nicolo Machiavelli** • Der Fürst • **Gotthold E. Lessing** • Nathan der Weise • **Augustinus** • Die Bekenntnisse des heiligen Augustinus • **Marcus Aurelius** • Selbstbetrachtungen • **Charles Baudelaire** • Die Blumen des Bösen • **Harriett Stowe** • Onkel Toms Hütte • **Walter Benjamin** • Deutsche Menschen • **Hugo Bettauer** • Die Stadt ohne Juden • **Lewis Caroll** • *und viele mehr….*

William Shakespeare

Othello

Übersetzt

Von

Wolf Graf Baudissin

Inhalt

PERSONEN

HERZOG VON VENEDIG

BRABANTIO, Senator

Andere Senatoren

GRATIANO , Bruder des Brabantio
LODOVICO , Verwandter des Brabantio

OTHELLO, ein edler Mohr im Dienste Venedigs

CASSIO, sein Leutnant

JAGO, sein Fähnrich

RODRIGO, ein venezianischer Edelmann

MONTANO, Othellos Vorgänger als Statthalter von Zypern

Drei EDELLEUTE

Ein NARR, Diener des Othello

HEROLD

DESDEMONA, Brabantios Tochter und Ehefrau des Othello

EMILIA, Jagos Frau

BIANCA, Cassios Geliebte

Edelleute, Amtsdiener, ein Bote, Musikanten, Herold, ein Matrose, Gefolge etc.

Szene im ersten Akt in Venedig; hernach ein Hafen in Zypern

ERSTER AKT

ERSTE SZENE

Venedig. Eine Straße

Es treten auf Rodrigo und Jago.

RODRIGO
Still, sag nichts mehr; denn damit kränkst du mich,
Daß Jago, du, der meine Börse führte,
Als wär sie dein, die Sache schon gewußt.

JAGO
Verdammt, Ihr hört ja nicht!
Hab ich mir je davon was träumen lassen,
Verabscheut mich!

RODRIGO
Du hast mir stets gesagt, du hassest ihn!

JAGO
Verachte mich, wenns nicht so ist!
Drei Mächtige aus dieser Stadt, persönlich
Bemüht zu seinem Leutnant mich zu machen,
Hofierten ihm, und auf Soldatenwort,
Ich kenne meinen Preis: das kommt mir zu.
Doch er, verliebt in seinen Stolz und Dünkel,
Weicht ihnen aus, mit Schwulst, weit hergeholt,
Den er staffiert mit grausen Kriegssentenzen,
Und kurz und gut,
Schlägts meinen Gönner ab: denn „Wirklich", spricht er,
„Gewählt schon hab ich meinen Offizier."
Und wer ist das?
Seht mir: ein großer Arithmetiker,
Ein Michael Cassio, ein Florentiner,

Ein Bursch, verdammt fast in ein schmuckes Weib,
Der niemals eine Schar ins Feld geführt,
Noch von der Heeresordnung mehr versteht
Als Jüngferchen; nur Büchertheorie,
Von der in seiner Toga wohl ein Ratsherr
So weislich spricht als er; all seine Kriegskunst
Geschwätz, nicht Praxis - ***der*** nun wird erwählt!
Und ich, von dem sein Auge Proben sah
Zu Rhodus, Zypern und auf anderm Boden,
Christlich und heidnisch, komm um Wind und Flut
Durch solchen Rechenknecht, solch Einmaleins.
Der, wohl bekomms ihm, muß sein Leutnant sein,
Und, helt mir Gott, ich seiner Mohrschaft Fähnrich!

RODRIGO
Bei Gott, sein Henker würd ich lieber sein!

JAGO
Da hilft nichts für; das ist der Fluch des Dienstes.
Befördrung geht nach Gunst und nach Empfehlung,
Und nicht nach altem Brauch, wo jeder zweite
Den Platz des Vormanns erbt. Urteilt nun selbst,
Ob mich wohl irgend Recht und Dank verpflichtet
Den Mohrn zu lieben.

RODRIGO
So auch dient ich ihm nicht.

JAGO
Oh, seid ganz ruhig;
Ich dien ihm, um mirs einzubringen; denn
Es kann nicht jeder Herr sein, jeder Herr
Nicht treue Diener haben. Seht Ihr doch
So manchen pflichtgetreuen Knieebeuger,

Der, ganz verliebt in seine Sklavenfessel,
Ausharrt, recht wie die Esel seines Herrn,
Ums Heu, und wird im Alter fortgejagt.
Peitscht mir solch redlich Volk! Dann gibt es andre,
Die, ausstaffiert mit Blick und Form der Demut,
Ein Herz bewahren, das nur sich bedenkt,
Die nur Scheindienste liefern ihren Obern,
Durch sie gedeihn und, wann ihr Pelz gefüttert,
Sich selbst Gebieter sind. Die Burschen haben Witz,
Und dieser Zunft zu folgen ist mein Stolz.
Denn, Herr,
's ist so gewiß, als Ihr Rodrigo heißt,
Wär ich der Mohr, nicht möcht ich Jago sein.
Wenn ich ihm diene, dien ich nur mir selbst,
- Der Himmel weiß es -, nicht aus Lieb und Pflicht,
Nein, nur zum Schein für meinen eignen Zweck.
Denn wenn mein äußres Tun je offenbart
Des Herzens angeborne Art und Neigung
In Haltung und Gebärde, dann alsbald
Will ich mein Herz an meinem Ärmel tragen
Als Fraß für Krähn. Ich bin nicht, was ich bin! -

RODRIGO
Groß Glück fällt diesem Dickgelippten zu,
Wenns ihm gelingt!

JAGO
Ruft ihren Vater auf!
Hetzt den ihm nach! Vergiftet seine Lust,
Schreits durch die Stadt, macht ihre Vettern wild,
Und ob er unter mildem Himmel wohnt,
Plagt ihn mit Fliegen; ist die Freud ihm Freude,
Versetzt sie dennoch ihm mit so viel Pein,
Daß sie etwas erbleiche!

RODRIGO
Hier ist des Vaters Haus; ich ruf ihn laut.

JAGO
Das tut, mit gleichem Angstruf und Geheul,
Als wenn bei Nacht und Lässigkeit ein Feuer
Erspäht wird in volkreichen Städten.

RODRIGO
Hallo, Brabantio! Signor Brabantio, ho!

JAGO
Erwacht; hallo! Brabantio! Diebe, Diebe!
Nehmt Euer Haus in acht, Eur Kind, Eur Geld!
He, Diebe, Diebe!
Brabantio oben am Fenster.

BRABANTIO
Was ist die Ursach dieses wilden Lärms?
Was gibt es hier?

RODRIGO
Ist alles, was Euch angehört, im Hause?

JAGO
Die Türen zu?

BRABANTIO
Nun, warum fragt Ihr das?

JAGO
Ihr seid beraubt, zum Teufel! Nehmt den Mantel!
Eur Herz zerbrach, halb Eure Seel ist hin.
Jetzt, eben jetzt bespringt ein alter schwarzer
Schafbock Eur weißes Lämmchen. Auf, heraus!
Weckt die schlaftrunknen Bürger mit der Glocke,

Sonst macht der Teufel Euch zum Großpapa.
Auf, sag ich, auf!

BRABANTIO

Was! Seid Ihr bei Verstand?

RODRIGO

Ehrwürdger Herr, kennt Ihr mich an der Stimme?

BRABANTIO

Nein! Wer seid Ihr?

RODRIGO

Rodrigo heiß ich.

BRABANTIO

Mir um so verhaßter!
Befohlen hab ich dir, mein Haus zu meiden,
Ganz unverhohlen hörtest du mich sagen,
Mein Kind sei nicht für dich; und nun, wie rasend,
Vom Mahle voll und scharfem Trunk erregt,
In böswilligem Übermute kommst du,
Mich in der Ruh zu stören?

RODRIGO

Herr, Herr, Herr!

BRABANTIO

Doch, wissen sollst du dies:
Durch meine Kraft und Stellung hab ich Macht,
Dirs zu vergällen.

RODRIGO

Ruhig, werter Herr!

BRABANTIO
Was sprichst du mir von Raub? Dies ist Venedig,
Mein Haus ist keine Scheune.

RODRIGO
Würdiger Herr,
In arglos reiner Absicht komm ich her.

JAGO
Wetter, Herr, Ihr seid einer von denen, die Gott nicht dienen wollen, wenns ihnen der Teufel befiehlt. Weil wir kommen, Euch einen Dienst zu tun, denkt Ihr, wir sind Raufbolde? Ihr wollt einen Berberhengst über Eure Tochter kommen lassen; Ihr wollt Enkel, die Euch anwiehern, wollt Rennpferde zu Vettern und Zelter zu Neffen haben?

BRABANTIO
Wer bist du, frecher Lästerer?

JAGO
Ich bin einer, Herr, der Euch zu melden kommt, daß Eure Tochter und der Mohr jetzt dabei sind, das Tier mit zwei Rücken zu machen.

BRABANTIO
Du bist ein Schurke!

JAGO
Ihr seid - ein Senator.

BRABANTIO
Du sollst dies büßen; ich kenne dich, Rodrigo.

RODRIGO
Ich will für alles einstehn, doch ich bitt Euch,
Ists Euer Wunsch und wohlbedächtige Weisheit,
- Wie's fast mir scheint -, daß Eure schöne Tochter

In dieser späten Stunde dumpfer Nacht
Wird ausgeliefert - besser nicht noch schlechter
Bewacht, als durch 'nen feilen Gondolier -
Den rohen Küssen eines lüsternen Mohren?
Wenn Ihr das wißt und einverstanden seid,
So taten wir Euch groben, frechen Schimpf.
Doch wißt Ihrs nicht, dann sagt mir Sitt und Anstand,
Ihr scheltet uns mit Unrecht. Nimmer glaubt,
Daß, allem Sinn für Höflichkeit entfremdet,
Ich so zum Scherz mit Eurer Würde spielte.
Eur Kind, wenn Ihr ihm nicht Erlaubnis gabt,
Ich sags noch einmal, hat sich schwer vergangen,
So Schönheit, Geist, Vermögen auszuliefern
Dem heimatlos unsteten Abenteurer
Von hier und überall. Gleich überzeugt Euch, Herr;
Ist sie im Schlaf gemach, ja nur zu Hause,
Laßt auf mich los der Republik Gesetze,
Weil ich Euch so betrog.

BRABANTIO

Schlagt Feuer, ho!
Gebt mir 'ne Kerze! Weckt alle meine Leute! -
Der Vorfall ist nicht ungleich meinem Traum;
Der Glaube dran droht schon mich zu vernichten.
Licht, sag ich. Licht! -
Geht ab.

JAGO

Lebt wohl! Ich muß Euch lassen.
Es scheint nicht gut noch heilsam meiner Stelle,
Stellt man als Zeugen mich - bleib ich, geschiehts -
Dem Mohren vor, denn unser Staat, ich weiß es,
Wenn ihn dies gleich etwas verdunkeln wird,
Kann ihn nicht fallen lassen, fordert doch

So triftiger Grund ihn für den Zypernkrieg,
Der jetzt bevorsteht, daß um keinen Preis
Ein andrer von der Fähigkeit sich fände
Als Führer dieses Zugs. In dieser Rücksicht,
Obgleich ich ihn wie Höllenqualen hasse,
Weil mich die gegenwärtge Lage zwingt,
Muß ich aufziehn der Liebe Flagg und Zeichen,
Freilich als Zeichen nur. Daß Ihr ihn sicher findet,
Führt jene Suchenden zum Schützen hin;
Dort werd ich bei ihm sein. Und so lebt wohl.
Jago geht ab. Brabantio tritt auf mit Dienern und Fackeln.

BRABANTIO
Zu wahr nur ist dies Unglück! Sie ist fort,
Und was mir nachbleibt vom verhaßten Leben,
Ist nichts als Bitterkeit. - Nun sag, Rodrigo,
Wo hast du sie gesehn? - O töricht Kind! -
Der Mohr, sagst du? Wer möchte Vater sein!
Wie weißt du, das sie's war? - O unerhört
Betrogst du mich! - Was sprach sie? - Holt noch Fackeln!
Ruft alle meine Vettern! Sind sie wohl
Vermählt, was glaubst du?

RODRIGO
Nun, ich glaube, ja.

BRABANTIO
O Gott! Wie kam sie fort? O Blutsverrat!
Väter, hinfort traut euern Töchtern nie
Nach äußerlichem Tun! Gibts einen Zauber,
Der Jugend Unschuld und des Mädchentums
Zu hintergehn? Last Ihr von solchen Dingen,
Rodrigo?

RODRIGO
Ja, Signor, ich las es wohl.

BRABANTIO
Ruft meinen Bruder! - Wär sie Euer doch! -
Geht Ihr den Weg, Ihr diesen! - Habt Ihr Kundschaft,
Wo wir sie finden mögen mit dem Mohren?

RODRIGO
Ich hoff ihn auszuspähn, wenns Euch gefällt,
Mit tüchtiger Bedeckung mir zu folgen.

BRABANTIO
Wohl, führt den Zug! Vor jedem Hause ruf ich;
Wenns gilt, kann ich befehlen. - Waffen her!
Und holt ein paar Hauptleute von der Wache!
Voran, Rodrigo! Eure Müh vergelt ich.
Sie gehen ab.

ZWEITE SZENE

Venedig. Eine andre Straße

Es treten auf Othello, Jago und Gefolge mit Fackeln.

JAGO
Im Kriegeshandwerk schlug ich manchen tot;
Doch halt ichs für Gewissenssach und Sünde,
Mit Absicht morden; ja mir fehlts an Bosheit,
Und oft zu meinem Schaden. Zwanzigmal
Dacht ich, ihm mit 'nem Rippenstoß zu dienen!

OTHELLO
's ist besser so.

JAGO

Doch schwatzt' er solches Zeug,
Und sprach so schnöd und gegen Eure Ehre
So lästerlich,
Daß all mein bißchen Frömmigkeit mich kaum
Im Zügel hielt. Doch sagt mir, werter Herr,
Seid Ihr auch recht vermählt? Denn glaubt mir nur,
Gar sehr beliebt ist der Magnifico,
Und hat, was durchzusetzen, kräftige Stimme,
Vollwichtig wie der Fürst. Er wird Euch scheiden;
Zum mindsten häuft er Hemmung und Verdruß,
Wie nur das Recht, durch seine Macht geschärft,
Ihm Spielraum gibt.

OTHELLO

Er mag sein Ärgstes tun;
Der Dienst, den ich geleistet dem Senat,
Schreit seine Klage nieder. Kund soll werden
- Was, wenn mir kund, daß Prahlen Ehre bringt,
Ich offenbaren will -, daß ich entsproß
Aus königlichem Stamm, und mein Gestirn
Darf ohne Scheu so stolzes Glück ansprechen,
Als dies, das ich erreicht. Denn wisse, Jago,
Liebt ich die holde Desdemona nicht,
Nie zwäng ich meinen sorglos freien Stand
In Band und Schranken ein, nicht um die Schätze
Der tiefen See. Doch sieh! Was dort für Lichter?
[Cassio kommt mit Amtsdienern.]

JAGO

Der zornige Vater ist es mit den Freunden;
Geht doch hinein!

OTHELLO
Ich nicht, man soll mich finden.
Mein Stand und Rang und meine feste Seele,
Laut solln sie für mich zeugen! Sind sie es?

JAGO
Beim Janus, nein!
Cassio und einige Amtsdiener mit Fackeln kommen.

OTHELLO
Des Herzogs Diener sind es und mein Leutnant. -
Sei Euch die Nacht gedeihlich, meine Freunde!
Was gibts?

CASSIO
Der Herzog grüßt Euch, General,
Und fordert, daß Ihr schnell, blitzschnell erscheint
Im Augenblick.

OTHELLO
Was, meint Ihr, ist im Werk?

CASSIO
Etwas aus Zypern, wenn ich recht vermute;
's ist ein Geschäft von heißer Eil; die Flotte
Verschickt' ein Dutzend Boten nacheinander
Noch diesen Abend, die gedrängt sich folgten.
Viel Herrn vom Rat, geweckt und schon versammelt,
Sind jetzt beim Herzog; eifrig sucht man Euch,
Und da man Euch verfehlt in Eurer Wohnung,
Hat der Senat drei Haufen ausgesandt,
Euch zu erspähn.

OTHELLO
's ist gut, daß Ihr mich fandet.

Ein Wort nur laß ich hier zurück im Hause
Und folg Euch nach.
Geht ab.

CASSIO
Fähnrich, was schafft er hier?

JAGO
Nun, eine Landgaleere nahm er heut;
Er macht sein Glück, wenns gute Prise wird.

CASSIO
Wie meint Ihr das?

JAGO
Er ist vermählt.

CASSIO
Mit wem?
Othello kommt zurück.

JAGO
Ei nun, mit - Kommt Ihr, General?

OTHELLO
Ich komme.

CASSIO
Hier naht ein andrer Trupp, Euch aufzusuchen.
[Brabantio, Rodrigo und Bewaffnete treten auf.]

JAGO
Es ist Brabantio! General, nehmt Euch
In acht, er sinnt auf Böses!
Brabantio, Rodrigo und Amtsdiener mit Fackeln und Waffen treten auf.

OTHELLO

Holla! Steht!

RODRIGO

Signor, es ist der Mohr!

BRABANTIO

Dieb! Schlagt ihn nieder!

Von beiden Seiten werden die Schwerter gezogen.

JAGO

Rodrigo, Ihr? Kommt, Herr, ich bin für Euch.

OTHELLO

Die Schwerter fort, sie rosten sonst im Tau. -
Das Alter hilft Euch besser, guter Herr,
Als Euer Degen.

BRABANTIO

O schnöder Dieb! Was ward aus meiner Tochter?
Du hast, verdammter Frevler, sie bezaubert;
Denn alles, was Vernunft hegt, will ich fragen,
Wenn nicht ein magisch Band sie hält gefangen,
Ob eine Jungfrau, zart und schön und glücklich,
So abhold der Vermählung, daß sie floh
Den reichen Jünglingsadel unsrer Stadt,
Ob sie, ein allgemein Gespött zu werden,
Häuslichem Glück entfloh an solches Unholds
Pechschwarze Brust, die Graun, nicht Lust erregt?
Die Welt soll richten, obs nicht sonnenklar,
Daß du mit Höllenkunst auf sie gewirkt,
Mit Gift und Trank verlockt ihr zartes Alter,
Den Willen ihr gelähmt. Man soll es prüfen,
Denn glaubhaft ists, handgreiflich dem Gedanken.
Drum nehm ich dich in Haft und klag dich an

Als einen Volksbetörer, einen Zaubrer,
Der unerlaubte, böse Künste treibt. -
Legt Hand an ihn, und setzt er sich zur Wehr,
Zwingt ihn, und gälts sein Leben!

OTHELLO

Steht zurück,
Ihr, die für mich Partei nehmt, und ihr andern!
Wär Fechten meine Rolle, nun, die wüßt ich
Auch ohne Stichwort. - Wohin soll ich folgen,
Und Eurer Klage stehn?

BRABANTIO

In Haft; bis Zeit und Form
Im Lauf des graden Rechtsverhörs dich ruft
Zur Antwort.

OTHELLO

Wie denn nun, wenn ich gehorchte? -
Wie käme das dem Herzog wohl erwünscht,
Des Boten hier an meiner Seite stehn,
Mich wegen dringenden Geschäfts im Staat
Vor ihn zu führn?

ERSTER AMTSDIENER

So ists, ehrwürdger Herr;
Der Herzog sitzt zu Rat, und Euer Gnaden
Ward sicher auch bestellt.

BRABANTIO

Im Rat der Herzog?
Jetzt um die Mitternacht? - Führt ihn dahin!
Nicht schlecht ist mein Gesuch. Der Herzog selbst
Und jeglicher von meinen Amtsgenossen
Muß fühlen meine Kränkung wie sein eigen;

Denn läßt man solche Untat straflos schalten,
Wird Heid und Sklav bei uns als Herrscher walten.
Sie gehen ab.

DRITTE SZENE

Venedig. Eine Ratskammer

Der Herzog und die Senatoren an einer Tafel sitzend. Beamte im Gefolge.

HERZOG
In diesen Briefen fehlt Zusammenhang,
Der sie glaubwürdig machte.

ERSTER SENATOR
Jawohl, sie weichen voneinander ab;
Mein Schreiben nennt mir hundertsechs Galeeren.

HERZOG
Und meines hundertvierzig.

ZWEITER SENATOR
Meins zweihundert.
Doch stimmt die Zahl auch nicht genau zusammen,
Wie insgemein, wenn sich Gerüchte melden,
Der Inhalt abweicht, doch erwähnen alle
Die türkische Flotte, die gen Zypern segelt.

HERZOG
Gewiß, erwägen wirs, so scheint es glaublich;
Ich will mich nicht im Irrtum sicher schätzen,
Vielmehr den Hauptartikel halt ich wahr,
Und Sorge faßt mich.

MATROSE
draußen.
Ho, hallo, hallo!
Ein Beamter tritt auf, dem ein Matrose folgt.

ERSTER BEAMTER
Botschaft von den Galeeren!

HERZOG
Nun? Was gibts?

ERSTER MATROSE
Der Türken Kriegsbewegung geht auf Rhodus;
So ward mir Auftrag, dem Senat zu melden,
Vom Signor Angelo.

HERZOG
Wie dünkt der Wechsel Euch? -

ERSTER SENATOR
So kanns nicht sein,
Nach keinem Grund und Fug; es ist 'ne Finte,
Den Blick uns fehl zu leiten. Denken wir,
Wie wichtig Zypern für den Türken sei,
Und wiederum gestehn wir selber ein,
Daß, wie's dem Türken mehr verlohnt als Rhodus,
Er auch mit leichterm Aufwand sichs erobert,
Dieweil es nicht so kriegsgerüstet steht
Und aller Wehr und Festigkeit entbehrt,
Mit der sich Rhodus schirmt - wer dies erwägt,
Der wird den Türken nicht so töricht achten,
Das Nächstgelegne bis zuletzt zu sparen
Und, leichten Vorteil und Gewinn versäumend,
Nutzlos Gefahr zum Kampfe sich zu wecken.

HERZOG
Ja, seid gewiß, er denkt an Rhodus nicht.

ERSTER BEAMTER
Seht! Neue Botschaft! -
Ein Bote tritt auf.

BOTE
Die Ottomanen, weise, gnädige Herrn,
In gradem Lauf zur Insel Rhodus steuernd,
Vereinten dort sich mit der Nebenflotte.

ERSTER SENATOR
Nun ja, so dacht ich mirs. Wie stark an Zahl?

BOTE
An dreißig Segel; und jetzt wenden sie
Rücklenkend ihren Lauf, und ohne Hehl
Gilt ihre Absicht Zypern. Herr Montano,
Eur sehr getreuer und beherzter Diener,
Entbietet Euch, mit seiner Pflicht, die Nachricht
Und hofft, Ihr schenkt ihm Glauben.

HERZOG
Nach Zypern dann gewiß. -
Marcus Lucchese, ist er in Venedig?

ERSTER SENATOR
Er reiste nach Florenz.

HERZOG
Schreibt ihm von uns; schnell, windschnell komm er, eilt!

ERSTER SENATOR
Hier kommt Brabantio und der tapfre Mohr.
Brabantio, Othello, Jago, Rodrigo und Gerichtsdiener treten auf.

HERZOG
Tapfrer Othello, Ihr müßt gleich ins Feld
Wider den allgemeinen Feind, den Türken. -
Zu Brabantio.
Ich sah Euch nicht; willkommen, edler Herr!
Uns fehlt' Eur Rat und Beistand diese Nacht.

BRABANTIO
Und Eurer mir, mein gütger Fürst, verzeiht mir!
Nicht Amtsberuf noch Nachricht von Geschäften
Trieb mich vom Bett, nicht allgemeine Sorge
Erfüllt mich jetzt, denn mein besondrer Gram
Gleich einer Springflut strömt so wild dahin,
Daß er verschluckt und einschlingt jede Sorge,
Nur seiner sich bewußt.

HERZOG
Nun, was geschah?

BRABANTIO
O Tochter, Tochter!

ERSTER SENATOR
Starb sie?

BRABANTIO
Ja, für mich.
Sie ist beschimpft, entführt mir und verderbt
Durch Hexenkünste und Quacksalbertränke!
Denn daß Natur so widersinnig irre,
Da sie nicht stumpf noch blind, noch blöden Sinns,
Geschah nicht ohne Zauberkraft. -

HERZOG
Wer es auch sei, der auf so schnödem Wege

So Eure Tochter um sich selbst betrog,
Und Euch um sie, das blutige Buch des Rechts,
Ihr sollt es selbst in herbster Strenge deuten,
Nach eignem Sinn, und wär es Unser Sohn,
Den Eure Klage trifft.

BRABANTIO

Ich dank in Demut!
Hier dieser ists, der Mohr, den jetzt, so scheints,
Eur dringendes Gebot im Dienst des Staats
Hieher berief.

ALLE

Das tut uns herzlich leid.

HERZOG
zu Othello.
Was, Eurerseits, vermögt Ihr zu erwidern?

BRABANTIO
Nichts, als daß dies die Wahrheit.

OTHELLO
Ehrwürdiger, mächtiger und erlauchter Rat,
Sehr edle, wohlerprobte, gute Herrn!
Daß ich dem alten Mann die Tochter nahm,
Ist völlig wahr; wahr, sie ist mir vermählt.
Der Tatbestand und Umfang meiner Schuld
Reicht so weit, weiter nicht. Ich bin von rauhem Wort
Und schlecht begabt mit milder Friedensrede.
Seit siebenjährige Kraft mein Arm gewann,
Bis vor neun Monden etwa, übt er stets
Nur Kriegestat im Felde wie im Lager,
Und wenig lernt ich von dem Lauf der Welt,
Als was zum Streit gehört und Werk der Schlacht;

Drum wenig Schmuck wohl leih ich meiner Sache,
Red ich für mich. Dennoch, mit Eurer Gunst,
Erzähl ich schlicht und ungefärbt den Hergang
Von meiner Liebe: was für Tränk und Künste,
Was für Beschwörung, welches Zaubers Kraft
- Denn solcher Mittel steh ich angeklagt -
Die Jungfrau mir gewann.

BRABANTIO

Ein Mädchen, schüchtern,
Von Geist so still und sanft, daß jede Regung
Errötend schwieg, die sollte, trotz Natur
Und Jugend, Vaterland und Stand und allem,
Das lieben, was ihr Grauen schuf zu sehn?
Ein krankes Urteil wärs, ein unvollkommnes,
Das wähnt, es irre so Vollkommenheit,
Ganz der Natur entgegen: schwören muß man,
Daß nur des Teufels Kunst und List dies alles
Zu tun vermocht. Noch einmal denn behaupt ich,
Daß er mit Tränken, ihrem Blut verderblich,
Und Zaubersaft, geweiht zu solchem Bann,
Auf sie gewirkt.

HERZOG

Behauptung, nicht Beweis!
Steht Euch kein klarer Zeugnis zu Gebot,
Als solch unhaltbar Meinen, solch armselger
Scheingrund ihn zu beschuldigen vermag?

ERSTER SENATOR

Doch sagt, Othello:
Habt Ihr durch Nebenweg und künstlich zwingend
Der Jungfrau Sinn erobert und vergiftet?

Oder durch Antrag und erlaubtes Werben,
Wie Herz an Herz sich wendet?

OTHELLO

Ich ersuch Euch,
Zum „Schützen“ sendet, ruft das Fräulein her,
Und vor dem Vater mag sie von mir zeugen.
Und werd ich falsch erfunden durch ihr Wort:
Nicht nur Vertraun und Amt, das Ihr mir gabt,
Mögt Ihr mir nehmen, ja es treff Eur Spruch
Mein Leben selbst.

HERZOG

Holt Desdemona her!
Einige vom Gefolge gehen hinaus.

OTHELLO

Fähnrich, geht mit. Ihr wißt den Ort am besten
Jago geht ab.
Und bis sie kommt, so wahr, wie ich dem Himmel
Bekenne meines Blutes sündige Fehle,
So treulich meld ich Euerm ernsten Ohr,
Wie ich gewann der schönen Jungfrau Herz,
Und sie das meine.

HERZOG

Sprecht, Othello!

OTHELLO

Ihr Vater liebte mich, lud oft mich ein,
Erforschte meines Lebens Lauf von Jahr
Zu Jahr: die Schlachten, Stürme, Schicksalswechsel,
So ich bestand.
Ich ging es durch, vom Knabenalter her
Bis auf den Augenblick, wo er gefragt.

So sprach ich denn von manchem harten Fall,
Von schreckender Gefahr zu See und Land;
Wie ich ums Haar dem drohnden Tod entrann,
Wie mich der Feind gefangennahm und höhnisch
Als Sklaven mich verkauft; wie ich erlöst,
Und meiner Reisen wundervolle Fahrt,
Wobei von weiten Höhlen, wüsten Steppen,
Steinbrüchen, Felsen, himmelhohen Bergen
Zu melden war im Fortgang der Geschichte,
Von Kannibalen, die einander schlachten,
Anthropophagen, Völkern, deren Kopf
Wächst unter ihrer Schulter - das zu hören
War Desdemona eifrig stets geneigt.
Oft aber rief ein Hausgeschäft sie ab,
Und immer, wenn sie eilig dies vollbracht,
Gleich kam sie wieder, und mit durstigem Ohr
Verschlang sie meine Rede. Dies bemerkend,
Ersah ich einst die günstige Stund und gab
Ihr Anlaß, daß sie mich recht herzlich bat,
Die ganze Pilgerschaft ihr zu erzählen,
Von der sie stückweis einzelnes gehört,
Doch nicht in strenger Folge. Ich begann,
Und oftmals hatt ich Tränen ihr entlockt,
Wenn ich ein leidvoll Abenteur berichtet
Aus meiner Jugend. Als ich nun geendigt,
Gab sie zum Lohn mir eine Welt von Seufzern;
Sie schwur - in Wahrheit, seltsam! Wundersam!
Und rührend wars, unendlich rührend wars! -,
Sie wünscht', sie hätts gehört nicht; doch sie wünschte,
Der Himmel habe sie als solchen Mann
Geschaffen, und sie dankte mir und bat mich,
Wenn je ein Freund von mir sie lieben sollte,
Ich mög ihn die Geschicht erzählen lehren,

Das würde sie gewinnen. Auf den Wink
Erklärt ich mich.
Sie liebte mich, weil ich Gefahr bestand;
Ich liebte sie um ihres Mitleids willen:
Das ist der ganze Zauber, den ich brauchte!
Hier kommt das Fräulein, laßt sie dies bezeugen.
Desdemona, Jago und Gefolge treten auf.

HERZOG
Nun, die Geschichte hätt auch meine Tochter
Gewonnen. Würdiger Brabantio,
Nehmt, was versehn ward, von der besten Seite;
Man ficht doch lieber mit zerbrochnem Schwert
Als mit der bloßen Hand.

BRABANTIO
Hört sie, ich bitt Euch;
Bekennt sie, daß sie halb ihm kam entgegen,
Fluch auf mein Haupt, wenn meine bittre Klage
Den Mann verunglimpft! - Komm her, junge Dame:
Wen siehst du hier in diesem edlen Kreis,
Dem du zumeist Gehorsam schuldig bist?

DESDEMONA
Mein edler Vater,
Ich sehe hier zwiefach geteilte Pflicht;
Euch muß ich Leben danken und Erziehung,
Und Leben und Erziehung lehren mich
Euch ehren; Ihr seid Herrscher meiner Pflicht,
Wie ich Euch Tochter. Doch hier steht mein Gatte,
Und so viel Pflicht, als meine Mutter Euch
Gezeigt, da sie Euch vorzog ihrem Vater,
So viel muß ich auch meinem Gatten widmen,
Dem Mohren, meinem Herrn.

BRABANTIO

Gott sei mit dir!
Ich bin zu Ende. -
Beliebts Eur Hoheit, jetzt zu Staatsgeschäften! -
O zeugt ich nie ein Kind und wählt ein fremdes! -
Tritt näher, Mohr! -
Hier geb ich dir von ganzem Herzen hin,
Was, hättst du's nicht, ich dir von ganzem Herzen
Verweigerte. - Um deinetwillen, Kleinod,
Erfreuts mich, daß kein zweites Kind mir ward;
Durch deine Flucht wär ich tyrannisch worden
Und legt ihr Ketten an. - Ich bin zu Ende.

HERZOG

Ich red an Eurer Statt und fäll ein Urteil,
Das eine Stufe sei, den Liebenden
In Eure Gunst zu helfen.
Wem nichts mehr hilft, der muß nicht Gram verschwenden,
Und wer das Schlimmste sah, die Hoffnung enden;
Unheil beklagen, das nicht mehr zu bessern,
Heißt um so mehr das Unheil nur vergrößern.
Was nicht zu retten, laß dem falschen Glück,
Und gib Geduld für Kränkung ihm zurück.
Zum Raube lächeln, heißt den Dieb bestehlen,
Doch selbst beraubst du dich durch nutzlos Quälen.

BRABANTIO

So mögt Ihr Zypern nur den Türken gönnen;
Wir habens noch, solang wir lächeln können.
Leicht trägt den Spruch, wen andre Last nicht drückt,
Und wen der selbstgefundne Trost erquickt;
Doch fühlt er sein Gewicht bei wahren Sorgen,
Wenns gilt, von der Geduld die Zahlung borgen.
Bitter und süß sind all derlei Sentenzen,

Die, so gebraucht, an Recht und Unrecht grenzen;
Doch Wort bleibt Wort - noch hab ich nie gelesen,
Daß durch das Ohr ein krankes Herz genesen. -
Ich bitt Euch inständig, gehn wir an die Staatsgeschäfte.

HERZOG
Der Türke segelt mit gewaltiger Kriegsrüstung gegen Zypern. Othello, Euch ist die Festigkeit des Orts am besten bekannt, und obgleich Wir dort einen Statthalter von unbestrittner Fähigkeit besitzen, so hegt doch die öffentliche Meinung, eine unbeschränkte Gebieterin des Erfolgs, eine größere Zuversicht zu Euch. Ihr müßt Euch deshalb gefallen lassen, den Glanz Eures neuen Glücks durch diese rauhe und stürmische Unternehmung zu verdunkeln.

OTHELLO
Die eiserne Gewohnheit, edle Herren,
Schuf mir des Krieges Stahl und Felsenbett
Zum allerweichsten Flaum; ich rühme mich
Natürlicher und rascher Munterkeit
Im schwersten Ungemach und bin bereit
Zum jetzigen Feldzug mit dem Muselmann.
In Demut drum mich neigend dem Senat,
Verlang ich Sorg und Schutz für mein Gemahl,
Anständige Rücksicht ihrem Rang und Aufwand
Und solche Wohnung, solche Dienerschaft,
Als ihrem Stand geziemt.

HERZOG
Wenns Euch genehm,
Bei ihrem Vater.

BRABANTIO
Nimmer geb ichs zu.

OTHELLO
Noch ich.

DESDEMONA
Noch ich; nicht gern verweilt ich dort
Und reizte meines Vaters Ungeduld,
Wär ich ihm stets vor Augen. - Gütiger Fürst,
Leiht meinem Vortrag ein geneigtes Ohr
Und laßt mir Eure Gunst als Freibrief gelten,
Mein schüchtern Wort zu kräftigen.

HERZOG
Was wünscht Ihr, Desdemona?

DESDEMONA
Daß ich den Mohren liebt, um ihm zu leben,
Mag meines Glücks gewaltsam jäher Sturm
Der Welt zurufen: ja, mein Herz ergab sich
Vollständig meines Herren wahrer Art.
Mir war Othellos Antlitz sein Gemüt,
Und seinem Ruhm und seinem Heldensinn
Hab ich die Seel und irdisch Glück geweiht.
Drum, würdige Herrn, läßt man mich hier zurück
Als Friedensmotte, und er zieht ins Feld,
So raubt man meiner Liebe teures Recht
Und läßt mir eine schwere Zwischenzeit,
Dem Liebsten fern. So laßt mich mit ihm ziehn!

OTHELLO
Stimmt bei. Ihr Herrn! Ich bitt Euch, ihrem Willen
Laßt freien Weg!
Der Himmel zeuge mirs, dies bitt ich nicht,
Den Gaum zu reizen meiner Sinnenlust,
Noch heißem Blut zu Liebe, jungen Trieben

Selbstsüchtiger Lüste, die jetzt schweigen müssen,
Nur ihrem Wunsch willfährig hold zu sein.
Und Gott verhüt, Eur Edeln möchten wähnen,
Ich werd Eur ernst und groß Geschäft versäumen,
Weil sie mir folgt; nein, wenn das flüchtige Spiel
Des Flügelgottes mir mit Buhlerträgheit
Des Geistes und der Tatkraft Schärfe stumpft
Und mich Genuß entnervt und schwächt mein Wirken,
Mach eine Hausfrau meinen Helm zum Kessel,
Und jedes niedre und unwürdige Zeugnis
Erstehe wider mich und meinen Ruhm!

HERZOG
Es sei, wie Ihrs mitsammen festgesetzt:
Sie folg Euch oder bleibe; das Geschäft
Heischt dringend Eil,

ERSTER SENATOR
zur Nacht noch müßt Ihr fort!

DESDEMONA
Heut nacht, mein Fürst?

HERZOG
Heut nacht.

OTHELLO
Von ganzem Herzen.

HERZOG
Um neun Uhr früh versammeln wir uns wieder.
Othello, laßt 'nen Offizier zurück,
Der Eure Vollmacht Euch kann überbringen,
Und was noch sonst Eur Amt und Dienstverhältnis
Betrifft.

OTHELLO
Gefällts Eur Hoheit, hier mein Fähnrich;
Er ist ein Mann von Ehr und Redlichkeit,
Und seiner Führung laß ich meine Frau
Und was Eur Hoheit sonst für nötig achtet,
Mir nachzusenden.

HERZOG
So mag es sein. - Gut Nacht jetzt insgesamt!
Zu Brabantio.
Und würdiger Herr,
Wenn man die Tugend muß als schön erkennen,
Dürft Ihr nicht häßlich Euren Eidam nennen.

ERSTER SENATOR
Lebt wohl, Mohr! Liebt und ehret Desdemona!

BRABANTIO
Sei wachsam, Mohr! Hast Augen du, zu sehn,
Den Vater trog sie, so mags dir geschehn.
Herzog , Senatoren , Amtsdiener und Gefolge ab.

OTHELLO
Mein Kopf für ihre Treu. - Hör, wackrer Jago,
Ich muß dir meine Desdemona lassen;
Ich bitt dich, gib dein Weib ihr zur Gesellschaft
Und bringe sie mir nach, sobald du kannst. -
Komm, Desdemona, nur ein Stündchen bleibt
Der Lieb und unserm häuslichen Geschäft
Zu widmen uns; laß uns der Zeit gehorchen.
Othello und Desdemona ab.

RODRIGO
Jago -

JAGO
Was sagst du, edles Herz?

RODRIGO
Was werd ich jetzt tun, meinst du?

JAGO
Nun, zu Bette gehn und schlafen.

RODRIGO
Auf der Stelle ersäufen werd ich mich.

JAGO
Nun, wenn du das tust, so ists mit meiner Freundschaft auf ewig aus. Ei, du alberner junger Herr.

RODRIGO
Es ist Albernheit zu leben, wenn das Leben eine Qual wird, und wir haben die Vorschrift zu sterben, wenn Tod unser Arzt ist.

JAGO
O über die Erbärmlichkeit! Ich habe der Welt an die viermal sieben Jahre zugesehn, und seit ich einen Unterschied zu finden wußte zwischen Wohltat und Beleidigung, bin ich noch keinem begegnet, ders verstanden hätte, sich selbst zu lieben. Eh ich sagte, ich wollte mich einem Puthühnchen zuliebe ersäufen, eh tauscht ich meine Menschheit mit einem Pavian.

RODRIGO
Was soll ich tun? Ich gestehe, es macht mir Schande, so sehr verliebt zu sein; aber meine Tugend reicht nicht hin, dem abzuhelfen.

JAGO
Tugend! Abgeschmackt! In uns selber liegts, ob wir so sind oder anders. Unser Körper ist ein Garten und unser Wille der Gärtner, so daß, ob wir Nesseln drin pflanzen wollen oder Salat bauen, Ysop

aufziehn oder Thymian ausjäten, ihn dürftig mit einerlei Kraut besetzen oder mit mancherlei Gewächs aussaugen, ihn müßig verwildern lassen oder fleißig in Zucht halten - ei, das Vermögen dazu und die bessernde Macht liegt durchaus in unserm freien Willen. Hätte der Waagbalken unsres Lebens nicht eine Schale von Vernunft, um eine andre von Sinnlichkeit aufzuwiegen, so würde unser Blut und die Bösartigkeit unsrer Triebe uns zu den ausschweifendsten Verkehrtheiten führen; aber wir haben die Vernunft, um die tobenden Leidenschaften, die fleischlichen Triebe, die zügellosen Lüste zu kühlen, und daraus schließe ich, was du Liebe nennst, sei ein Pfropfreis, ein Ableger.

RODRIGO
Das kann nicht sein.

JAGO
Es ist nur ein Gelüst des Bluts, eine Nachgiebigkeit des Willens. Auf, sei ein Mann! Dich ersäufen? Ersäufe Katzen und junge Hunde! Ich nenne mich deinen Freund und erkläre mich an dein Verdienst geknüpft mit dem Ankertau der ausdauerndsten Festigkeit; nie konnte ich dir besser beistehn als jetzt. Tu Geld in deinen Beutel, zieh mit in diesen Krieg, verstelle dein Gesicht durch einen falschen Bart; ich sage dir: tu Geld in deinen Beutel! Es ist undenkbar, daß Desdemona den Mohren auf die Dauer lieben sollte - tu Geld in deinen Beutel! - noch der Mohr sie; es war ein gewaltsames Beginnen, und du wirst sehn, die Katastrophe wird eine ähnliche sein. Tu nur Geld in deinen Beutel; so ein Mohr ist veränderlich in seinen Neigungen; fülle deinen Beutel mit Geld; die Speise, die ihm jetzt so würzig schmeckt wie Süßholz, wird ihn bald bittrer dünken als Koloquinten. Sie muß sich einem Jüngeren zuwenden; hat sie ihn erst satt, so wird sie den Irrtum ihrer Wahl einsehn. Sie muß Abwechslung haben, das muß sie; darum tu Geld in deinen Beutel! Wenn du durchaus zum Teufel fahren willst, so tu es auf angenehmerem Wege als durch Ersäufen. Schaff dir Geld, soviel du

kannst! Wenn des Priesters Segen und ein hohles Gelübde zwischen einem abenteuernden Afrikaner und einer überlistigen Venezianerin für meinen Witz und die ganze Sippschaft der Hölle nicht zu hart sind, so sollst du sie besitzen; darum scharf dir Geld! Zum Henker mit dem Ersäufen! Das liegt weit ab von deinem Wege. Denke du lieber drauf, zu hängen, indem du deine Lust büßt, als dich zu ersäufen und sie fahren zu lassen.

RODRIGO
Soll ich meine Hoffnung auf dich bauen, wenn ichs drauf wage?

JAGO
Auf mich kannst du zählen! Geh, schaff dir Geld! Ich habe dirs oft gesagt und wiederhole es aber- und abermals, ich hasse den Mohren! Mein Grund kommt von Herzen, der deinige liegt ebenso tief; laß uns fest in unsrer Rache zusammenhalten! Kannst du ihm Hörner aufsetzen, so machst du dir eine Lust und mir einen Spaß. Es ruht noch manches im Schoß der Zeit, das zur Geburt will. Grade durch! Fort! Treib Geld auf! Wir wollen es morgen weiter verhandeln. Leb wohl!

RODRIGO
Wo treffen wir uns morgen früh?

JAGO
In meiner Wohnung.

RODRIGO
Ich werde zeitig dort sein.

JAGO
Gut, leb wohl! - Höre doch, Rodrigo!

RODRIGO
Was sagst du?

JAGO
Nichts von Ersäufen! Hörst du?

RODRIGO
Ich denke jetzt anders. Ich will alle meine Güter verkaufen.

JAGO
Nur zu; tu nur Geld genug in deinen Beutel!
Rodrigo ab.
So muß mein Narr mir stets zum Säckel werden;
Mein reifes Urteil würd ich ja entweihn,
Vertändelt ich den Tag mit solchem Gimpel
Mir ohne Nutz und Spaß. - Den Mohren haß ich;
Die Rede geht, er hab in meinem Bett
Mein Amt verwaltet; möglich daß es falsch,
Doch ich, auf bloßen Argwohn, in dem Fall
Will tun, als wärs gewiß. Er hat mich gern,
Um so viel besser wird mein Plan gedeihn.
Der Cassio ist ein hübscher Mann - laßt sehn!
Sein Amt erhaschen, mein Gelüste büßen -
Ein doppelt Schelmstück! Wie nur? Laßt mich sehn -
Nach einiger Zeit Othellos Ohr betören,
Er sei mit seinem Weibe zu vertraut -
Der Bursch ist wohlgebaut, von schmeidiger Art,
Recht für den Argwohn, recht den Fraun gefährlich.
Der Mohr nun hat ein grad und frei Gemüt,
Das ehrlich jeden hält, scheint er nur so;
Und läßt sich sänftlich an der Nase führen,
Wie Esel tun.
Ich habs! Es ist erzeugt; aus Höll und Nacht
Sei diese Untat an das Licht gebracht!
Er geht ab.

ZWEITER AKT

ERSTE SZENE

Ein Hafen in Zypern. Eine Terrasse

Montano und zwei Edelleute treten auf.

MONTANO
Was unterscheidet man vom Damm zur See?

ERSTER EDELMANN
Nichts, weit und breit - 's ist hochbewegte Flut,
Und nirgend zwischen Meer und Himmel kann ich
Ein Schiff entdecken.

MONTANO
Mir scheint, der Wind blies überlaut ans Ufer;
Nie traf so voller Sturm die Außenwerke.
Wenns ebenso rumort hat auf der See,
Welch eichner Kiel, wenn Berge niederfluten,
Bleibt festgefügt? Was werden wir noch hören?

ZWEITER EDELMANN
Zerstreuung wohl des türkischen Geschwaders.
Denn, stellt Euch nur an den beschäumten Strand,
Die zornige Woge sprüht bis an die Wolken;
Die sturmgepeitschte Flut will mächtigen Schwalls
Den Schaum hinwerfen auf den glühnden Bären,
Des ewig festen Poles Wacht zu löschen.
Nie sah ich so verderblichen Tumult
Des zornigen Meers.

MONTANO
Wenn nicht die Türkenflotte

Sich barg in Bucht und Hafen, so versank sie,
Es ist unmöglich, daß sie's überstand.
Ein dritter Edelmann tritt auf.

DRITTER EDELMANN
Botschaft, Ihr Herrn! Der Krieg ist aus,
Der tolle Sturm nahm so die Türken mit,
Daß ihre Landung hinkt. Ein Kriegsschiff von Venedig
War Zeuge grauser Not und Havarie
Des Hauptteils ihrer Flotte.

MONTANO
Wie? Ist das wahr?

DRITTER EDELMANN
Das Schiff hat angelegt;
Ein Veroneser, Michael Cassio,
Leutnant des kriegerischen Mohrn Othello,
Stieg hier ans Land; der Mohr ist auf der See
Mit höchster Vollmacht unterwegs nach Zypern.

MONTANO
Mich freuts; er ist ein würdiger Gouverneur.

DRITTER EDELMANN
Doch dieser Cassio, spricht er gleich so tröstlich
Vom türkischen Verlust, scheint sehr besorgt
Und betet für den Mohren, denn es trennte
Ein grauser, schwerer Sturm sie.

MONTANO
Schütz ihn Gott!
Ich diente unter ihm; der Mann ist ganz
Soldat und Feldherr. Kommt zum Strande, ho,
Sowohl das eingelaufne Schiff zu sehn,

Als nach dem tapfern Mohren auszuschaun,
Bis wo die Meerflut und des Äthers Blau
Dem Aug in eins verschmilzt.

DRITTER EDELMANN

Das laßt uns tun;
Denn jeder Augenblick ist jetzt Erwartung
Von neuer Ankunft.
Cassio tritt auf.

CASSIO
Dank allen Tapfern dieser mutigen Insel,
Die so den Mohren lieben; möcht ihn doch
Der Himmel schützen vor dem Element,
Denn ich verlor ihn auf der schlimmsten See!

MONTANO
Hat er ein gutes Fahrzeug?

CASSIO
Sein Schiff ist stark gebaut, und sein Pilot
Von wohlgeprüfter, kundiger Meisterschaft;
Drum harrt mein Hoffen, noch nicht tödlich krank,
Kühn auf Genesung.

Mehrere Stimmen draußen:
Ein Schiff! Ein Schiff! Ein Schiff!
Ein vierter Edelmann tritt auf.

CASSIO
Was rufen sie?

VIERTER EDELMANN
Die Stadt ist leer; am Meeresufer steht
Gedrängt das Volk, man ruft: Ein Schiff! Ein Schiff!

CASSIO
Mein Hoffen will, es sei der Gouverneur.
Man hört Schüsse.

ZWEITER EDELMANN
Mit Freudenschüssen salutieren sie;
Zum mindsten Freunde sinds.

CASSIO
Ich bitt Euch, Herr,
Geht, bringt uns sichre Nachricht, wer gelandet.

ZWEITER EDELMANN
Sogleich.
Geht ab.

MONTANO
Sagt, Leutnant, ist der General vermählt?

CASSIO
Ja, äußerst glücklich. Er gewann ein Fräulein,
Das jeden schwärmerischen Preis erreicht,
Kunstreicher Federn Lobspruch überbietet
Und in der Schöpfung reichbegabter Fülle
Die Dichtung selbst ermattet. -
Der zweite Edelmann kommt zurück.
Nun, wer wars?
ZWEITER EDELMANN
Des Feldherrn Fähnrich, ein gewisser Jago.

CASSIO
Der hat höchst schnelle, günstige Fahrt gehabt.
Die Stürme selbst, die Strömung, wilde Wetter,
Gezackte Klippen, aufgehäufter Sand,
Unschuldigen Kiel zu fährden leicht verhüllt,

Als hätten sie für Schönheit Sinn, vergaßen
Ihr tödlich Amt und ließen ungekränkt
Die hohe Desdemona durch.

MONTANO

Wer ist sie?

CASSIO

Die ich genannt, die Herrin unsres Herrn,
Der Führung anvertraut des kühnen Jago,
Des Landung unserm Hoffen vorgeeilt
Um eine Woche. - Gott, beschütz Othello!
Sein Segel schwelle dein allmächtger Hauch,
Daß bald sein wackres Schiff den Hafen segne;
Dann eil er liebend an der Gattin Brust,
Entflamme glühend unsern lauen Mut
Und bringe Zypern Tröstung! - Seht, o seht! -
Desdemona, Emilia, Jago, Rodrigo und Gefolge treten auf.
Des Schiffes Reichtum ist ans Land gekommen! -
Ihr, Zyperns Edle, neigt Euch huldigend:
Heil dir, o Herrin! Und des Himmels Gnade
Begleite dich auf allen Seiten stets,
Dich rings umschließend.

DESDEMONA

Dank Euch, wackrer Cassio!
Was wißt Ihr mir von meinem Herrn zu sagen?

CASSIO

Noch ist er nicht gekommen, und ich weiß nichts,
Als daß er wohl und bald hier landen muß.

DESDEMONA

Ich fürchte nur - wie habt Ihr ihn verloren?

CASSIO
Der große Kampf des Himmels und des Meers
Trennt' unsern Lauf - doch horcht! Es naht ein Schiff!
Draußen:
Ein Schiff! Ein Schiff!
Man hört schießen.

ZWEITER EDELMANN
Der Zitadelle bringt es seinen Gruß;
Auch dies sind Freunde.

CASSIO
Geht und schafft uns Nachricht!
Der zweite Edelmann ab.
Willkommen, Fähnrich;
zu Emilia
werte Frau, willkommen!
Nicht reiz es Euern Unmut, guter Jago,
Daß ich die Freiheit nahm; denn meine Heimat
Erlaubt so kühnen Brauch der Höflichkeit.
Er küßt Emilien.

JAGO
Herr, gäben ihre Lippen Euch so viel,
Als sie mir oft beschert mit ihrer Zunge,
Ihr hättet gnug.

DESDEMONA
Die Arme spricht ja kaum!

JAGO
Ei, viel zuviel!
Das merk ich immer, wenn ich schlafen möchte;
Vor Euer Gnaden freilich, glaub ichs wohl,

Legt sie die Zung ein wenig in ihr Herz,
Und keift nur in Gedanken.

EMILIA

Du sprichst ohne Grund so!

JAGO
Geht, geht, ihr seid Gemälde außerm Haus,
Drin Schellen, in den Küchen wilde Katzen;
Verletzt ihr, Heilige; Teufel, kränkt man euch;
Spielt mit dem Haushalt, haltet Haus im Bett.

DESDEMONA
O schäme dich, Verleumder!

JAGO
Nein, das ist wahr! Ich irr nicht um ein Haar breit:
Ihr steht zum Spiel auf, geht ins Bett zur Arbeit!

EMILIA
Ihr sollt mein Lob nicht schreiben.

JAGO

Wills auch nicht.

DESDEMONA
Was schriebst du wohl von mir, solltst du mich loben?

JAGO
O gnädige Frau, nicht fordert so mich auf;
Denn ich bin nichts, wenn ich nicht lästern darf.

DESDEMONA
Also probierts! - Ging einer hin zum Hafen?

JAGO
Ja, edle Frau.

DESDEMONA
Ich bin nicht fröhlich, doch verhüll ich gern
Den innern Zustand durch erborgten Schein. -
Nun sag, wie lobst du mich?

JAGO
Ich sinne schon; doch leider, mein Erfinden
Geht mir vom Kopf wie Vogelleim vom Fries,
Reißt Hirn und alles mit. Doch kreißt die Muse
Und wird also entbunden:
Ist eine schön und klug, dient dem Gebrauch
Die Schönheit, und die Klugheit nutzt sie auch.

DESDEMONA
Ganz hübsch! Wie, wenn sie häßlich ist und witzig?

JAGO
Ist eine häßlich, aber witzig doch,
Die macht sich einen Hübschen willig noch.

DESDEMONA
Schlimm und schlimmer!

EMILIA
Wenn aber schön und dumm?

JAGO
So gänzlich dumm sich keine Schöne findt,
Grad ihre Dummheit hilft ihr noch zum Kind.

DESDEMONA
Das sind abgeschmackte alte Reime, um die Narren im Bierhause

zum Lachen zu bringen. Was für ein erbärmliches Lob hast du denn für eine, die häßlich und dumm ist?

JAGO
Keine so häßlich und so dumm zugleich,
Wie kluge Schöne macht sie dumme Streich.

DESDEMONA
O grober Unverstand! Du preist die Schlechteste am besten. Aber welches Lob bleibt dir für eine wirklich verdienstvolle Frau; für eine, die in dem Adel ihres Werts mit Recht den Ausspruch der Bosheit selbst herausfordern darf?

JAGO
Die immer schön, doch nicht dem Stolz vertraut,
Von Zunge flink, doch niemals sprach zu laut;
Nicht arm an Gold, nie bunten Schmuck sich gönnte,
Den Wunsch erstickt und dennoch weiß: ich könnte;
Die selbst im Zorn, wenn Rache nah zur Hand,
Die Kränkung trägt und ihren Groll verbannt;
Die nie von Überwitz sich läßt berauschen,
'nen Stockfischkopf fürn Salmschwanz einzutauschen;
Sie, die viel denkt, die Meinung doch verschweigt
Und keinen Blick dem Schwarm der Werber zeigt:
Die nennt ich gut - wär sie nur aufzutreiben -

DESDEMONA
Nun wozu?

JAGO
- Narrn aufzuziehn und Dünnbier anzuschreiben.

DESDEMONA
O über solchen lahmen, hinkenden Schluß! Lerne nichts von ihm,

Emilie, wenn er auch dein Mann ist. - Was meint Ihr, Cassio? Ist er nicht ein heilloser, ausgelaßner Schwätzer?

CASSIO
Er redet derb, gnädige Frau; der Soldat wird Euch besser an ihm gefallen als der Gelehrte.

JAGO
beiseit.
Er faßt sie bei der Hand - so recht! Flüstert nur! Mit solchem kleinen Gewebe will ich eine so große Fliege umgarnen wie Cassio. Ja, lächle du sie an! Nur zu! Deine eignen Kratzfüße sollen dir Beinschellen werden. Ganz recht! In der Tat, so ists: Wenn solche Manieren dich um deine Leutnantschaft bringen, so wärs besser gewesen, du hättest deine drei Finger nicht so oft geküßt, mit denen du jetzt wieder so stattlich den Kavalier spielst. Sehr gut! Wohl geküßt! Eine herrliche Verbeugung! Ja, ja, so ists! Schon wieder die Finger an den Mund? So wollt ich doch, es wären Klistierspritzen, um deinetwillen! -
Trompetenstoß.
Der Mohr! Ich kenne sein Signal.

CASSIO
Er ists.

DESDEMONA
Wir wollen ihm entgegen, ihn empfangen!

CASSIO
Da kommt er schon.
Othello kommt mit Gefolge.

OTHELLO
O meine holde Kriegrin!

DESDEMONA
Mein Othello!

OTHELLO
Ein Wunder dünkt michs, groß wie meine Freude,
Dich hier zu sehn vor mir. O mein Entzücken!
Wenn jedem Sturm so heitre Stille folgt,
Dann blast, Orkane, bis den Tod ihr weckt!
Dann klimme, Schiff, die Wogenberg hinan,
Hoch wie Olymp, und tauch hinunter tief
Zum Grund der Hölle! Gält es, jetzt zu sterben,
Jetzt wär mirs höchste Wonne, denn ich fürchte,
So volles Maß der Freude füllt mein Herz,
Daß nie ein andres Glück mir, diesem gleich,
Im Schoß der Zukunft harrt.

DESDEMONA
Verhüte Gott,
Daß unsre Lieb und Glück nicht sollten wachsen,
Wie unsrer Tage Zahl!

OTHELLO
Amen, ihr holden Mächte! -
Nicht auszusprechen weiß ich diese Wonne,
Hier stockt es; oh, es ist zu viel der Freude:
Und dies, und dies, der größte Mißklang sei's,
Er küßt sie.
Den unser Herz je tönt.

JAGO
beiseit.
Noch seid ihr wohlgestimmt;
Doch dieses Einklangs Wirbel spann ich ab,
So wahr ich ehrlich bin.

OTHELLO

Gehn wir aufs Schloß -
Wißt ihrs? Der Krieg ist aus, der Türk ertrank. -
Wie gehts den alten Freunden hier auf Zypern? -
Liebchen, dich wird man hoch in Ehren halten,
Ich fand hier große Gunst. O süßes Herz,
Ich schwatze alles durcheinander, schwärme
Im neuen Glück. - Ich bitt dich, guter Jago,
Geh nach der Bucht und schaff ans Land die Kisten,
Bring auch den Schiffsherrn mir zur Zitadelle;
Es ist ein wackrer Seemann, des Verdienst
Ich hoch belohnen muß. Komm, Desdemona,
Nochmals begrüßt in Zypern!
Othello, Desdemona und Gefolge ab.

JAGO
zu einem Diener.
Geh du sogleich zum Hafen und erwarte mich dort.
Zu Rodrigo.
Komm näher. Wenn du ein Mann bist - denn man sagt, daß auch Feige, wenn sie verliebt sind, sich zu höherer Gesinnung erheben, als ihnen angeboren war -, so höre mich an. Der Leutnant hat diese Nacht die Wache auf dem Schloßhof - vorerst aber muß ich dir sagen: Desdemona ist richtig in ihn verliebt.

RODRIGO
In ihn? Unmöglich.

JAGO
Leg deinen Finger so, und laß dich belehren. Besinne dich nur, wie heftig sie zuerst den Mohren liebte, nur weil er prahlte und ihr unerhörte Lügen auftischte. Wird sie ihn immer für sein Schwatzen lieben? Das kann deine verständige Seele nicht glauben wollen. Ihr Auge verlangt Nahrung, und welches Wohlgefallen kann ihrs

gewähren, den Teufel anzusehn? Wenn das Blut durch den Genuß abgekühlt ist, dann bedarf es, um sich aufs neue zu entflammen und der Sättigung neue Begier zu wecken, Anmut der Gestalt, Übereinstimmung in Jahren, Gesittung und Schönheit; und an dem allem fehlts dem Mohren. Nun, beim Mangel aller dieser ersehnten Annehmlichkeiten wird ihr feiner Sinn sich getäuscht fühlen; sie wird des Mohren erst satt, dann überdrüssig werden und endlich ihn verabscheuen; die Natur selbst wird sie anleiten und sie zu einer neuen Wahl treiben. Nun, Freund, dies eingeräumt - wie es denn eine völlig überzeugende und ungezwungne Voraussetzung ist -, wer steht wohl so gewiß auf der Stufe dieses Glücks als Cassio, ein Spitzbube, sehr gewandt und gewissenhaft nur so weit, als er die äußere Form eines sittsamen und gebildeten Betragens annimmt, um seine lockern, geheimen, wilden Neigungen um so leichter zu befriedigen? - Nein, keiner! Keiner! Ein glatter, geschmeidiger Spitzbub; ein Gelegenheitshascher, dessen Blick Vorteile prägt und falschmünzt, wenn selbst kein wirklicher Vorteil sich ihm darbietet; ein Teufelsspitzbub! Außerdem ist der Spitzbub hübsch, jung und hat alle die Eigenschaften, wonach Torheit und grüner Verstand hinschielen: ein verdammter, ausgemachter Spitzbub, und die Frau hat ihn schon herausgefunden!

RODRIGO
Das kann ich von ihr nicht glauben; sie ist von ganz himmlischem Wesen.

JAGO
Himmlisch! Was heißt das schon! Der Wein, den sie trinkt, ist aus Trauben gepreßt; wäre sie so himmlisch, dann hätte sie nie den Mohren lieben können! Himmlisch? Lauter Kohl! Sahst du nicht, wie sie mit seiner flachen Hand tätschelte? Hast du das nicht bemerkt?

RODRIGO
O ja, aber das war nur Höflichkeit.

JAGO
Verbuhltheit, bei dieser Hand! - Eine Einleitung und dunkler Prologus zum Schauspiel der Lust und der schnöden Gedanken. Sie kamen sich so nah mit ihren Lippen, daß ihr Hauch sie liebkoste. Bübische Gedanken, Rodrigo! Wenn diese Vertraulichkeiten so den Weg bahnen, so kommt gleich hinterdrein der Zweck und die Ausübung, der fleischliche Beschluß, he? Aber, Freund, laß dir von mir raten; ich habe dich von Venedig hergeführt. Steh heut nacht mit Wache; ich nehme es auf mich, dir deinen Posten anzuweisen. Cassio kennt dich nicht; ich werde nicht weit sein; find nur eine Gelegenheit, Cassio zum Zorn zu reizen, sei's, daß du laut redest oder ihm die Disziplin verdirbst, oder welchen andern Anlaß du sonst wahrnimmst, den die günstige Zeit dir eben darbietet.

RODRIGO
Gut.

JAGO
Er ist heftig und sehr jähzornig und schlägt vielleicht mit seinem Stabe nach dir; reize ihn nur, daß ers tut, denn das genügt mir schon, um die Zyprier zum Aufruhr zu bringen, der nicht wieder beschwichtigt werden kann als durch Cassios Absetzung. So findest du einen kürzern Weg zu deinem Ziel, durch die Mittel, die ich dann habe, dir Vorschub zu tun, und wir schaffen das Hindernis aus dem Wege, ohne dessen Besiegung kein Erfolg erwartet werden darf.

RODRIGO
Das will ich tun, wenn du mir Gelegenheit gibst.

JAGO
Dafür steh ich dir. Komm nur sogleich auf die Zitadelle, ich muß jetzt sein Gepäck ans Land schaffen. Leb wohl!

RODRIGO
Gott befohlen!
Ab.

JAGO
Daß Cassio sie liebt, das glaub ich wohl;
Daß sie ihn liebt, ist denkbar und natürlich.
Der Mohr, obschon ich ihm von Herzen gram,
Ist liebevoller, treuer, edler Art,
Und wird für Desdemona, denk ich, sicher
Ein wackrer Ehmann. Jetzt lieb ich sie auch;
Nicht zwar aus Lüsternheit - wiewohl vielleicht
Nicht kleinre Sünde mir zuschulden kommt -,
Nein, mehr, um meine Rach an ihm zu weiden,
Weil ich vermute, daß der lüsterne Mohr
Mir ins Gehege kam, und der Gedanke
Nagt wie ein fressend Gift an meinem Innern.
Nichts kann und soll mein Herz beruhigen,
Bis ich ihm wett geworden, Weib um Weib;
Oder, schlägt dies mir fehl, bring ich den Mohren
In Eifersucht so wilder Art, daß nie
Vernunft sie heilen kann. Dies zu vollbringen,
Hält nur mein Köter von Venedig stand,
Den ich am Riemen führe zu der Hatz,
Pack ich den Michael Cassio bei der Hüfte,
Verschwärz ihn dann dem Mohren als gefährlich;
Denn Cassio fürcht ich auch für meine Nachthaub.
So dankt Othello mirs, liebt mich, belohnt mich,
Daß ich so stattlich ihn zum Esel machte,
Und seine Ruh und Freud ihm ganz verkehrt'
Zum Wahnsinn. - Ja, hier liegts, noch nicht entfaltet;
Die Bosheit wird durch Tat erst ganz gestaltet.
Ab.

ZWEITE SZENE

Straße

Ein Herold tritt mit einer Proklamation auf. Leute folgen ihm.

HEROLD
Es ist Othellos, unsres edeln und tapfern Generals Wunsch, daß auf die zuverlässige, jetzt eingegangene Nachricht von der gänzlichen Vernichtung der türkischen Flotte jedermann seine Freude kundtue, sei es durch Tanz oder Lustfeuer, oder wie ihn sonst seine Neigung zu Spiel und Kurzweil treibt; denn außer jenem erfreulichen Ereignis feiert er heut seine Hochzeit. Solches wird auf seinen Befehl ausgerufen. Alle Säle des Palastes sind geöffnet, und volle Freiheit zu Schmaus und Fest von jetzt fünf Uhr an, bis die elfte Stunde geschlagen. Der Himmel segne die Insel Zypern und unsern edlen General Othello!
Ab.

DRITTE SZENE

Ein Saal im Schloß

Othello, Desdemona, Cassio und Gefolge treten auf.

OTHELLO
Mein lieber Michael,
Halt ja genaue Wache diese Nacht.
Wir müssen selbst auf ehrbar Maß bedacht sein,
Daß nicht die Lust unbändig werde.

CASSIO
Jago ward schon befehligt, was zu tun;

Doch außerdem noch soll mein eignes Auge
Auf alles sehn.

OTHELLO

Jago ist treu bewährt.
Gut Nacht! Auf morgen mit dem Frühesten
Hab ich mit dir zu reden. - Komm, Geliebte!
Es soll, wer einen Handel hat geschlossen,
Gewinn ziehn; teiln wir ihn uns als Genossen! -
Gut Nacht!
Othello , Desdemona und Gefolge ab. Jago tritt auf.

CASSIO
Willkommen, Jago! Wir müssen auf die Wache.

JAGO
Jetzt noch nicht, Leutnant, es ist noch nicht zehn Uhr. Unser General schickt uns so früh fort aus Liebe zu seiner Desdemona, und wir dürfen ihn drum nicht tadeln; es ist seine erste glückliche Nacht, und sie ist Jupiters würdig.

CASSIO
Sie ist eine unvergleichliche Frau.

JAGO
Und dafür steh ich, sie hat Feuer.

CASSIO
Gewiß, sie ist ein blühendes, süßes Geschöpf.

JAGO
Welch ein Auge! Mir scheint es wie ein Aufruf zur Verführung.

CASSIO
Ein einladendes Auge, und doch, wie mir scheint, ein höchst sittsames.

JAGO
Und wenn sie spricht, ists nicht eine Herausforderung zur Liebe?

CASSIO
Sie ist in der Tat die Vollkommenheit selbst.

JAGO
Nun, Heil ihrem Bette! Komm, Leutnant, ich habe ein Stübchen Wein, und hier draußen sind ein paar muntre Jungen aus Zypern, die gern eine Flasche auf die Gesundheit des schwarzen Othello ausstechen möchten.

CASSIO
Nicht heut abend, lieber Jago; ich habe einen sehr schwachen, unglücklichen Kopf zum Trinken. Mir wärs lieb, wenn die Höflichkeit eine andere Sitte der Unterhaltung erfände.

JAGO
Oh, es sind gute Freunde; nur einen Becher; ich will für dich trinken.

CASSIO
Ich habe heut abend nur einen Becher getrunken, der noch dazu stark mit Wasser gemischt war, und sieh nur, wie's mich verändert hat. Ich habe leider diese Schwäche und darf meinen Kräften nicht mehr zumuten.

JAGO
Ei, Lieber, es ist ja Fastnacht heut. Die jungen Leute wünschen es.

CASSIO
Wo sind sie?

JAGO
Hier vor der Tür; ich bitte dich, ruf sie herein.

CASSIO
Ich wills tun, aber es geschieht ungern.
Geht ab.

JAGO
Wenn ich ihm nur ein Glas aufdrängen kann,
Zu dem, was er an diesem Abend trank,
Wird er so voller Zank und Ärger sein
Als einer Dame Schoßhund. - Rodrigo nun, mein Gimpel,
Den Liebe wie 'nen Handschuh umgewendet,
Hat Desdemonen manchen tiefen Humpen
Heut jubelnd schon geleert und muß zur Wache.
Drei jungen Zyprern, hochgesinnt und rasch,
Im Punkt der Ehre keck und leicht gereizt,
Dem wahren Ausbund hier der mutigen Jugend,
Hab ich mit vollen Flaschen zugesetzt;
Die wachen auch. - Nun, in der trunknen Schar
Reiz ich Herrn Cassio wohl zu solcher Tat,
Die alles hier empört. - Doch still, sie kommen. -
Hat nur Erfolg, was jetzt mein Kopf ersinnt,
Dann fährt mein Schiff mit vollem Strom und Wind.
Es kommen Cassio, Montano und mehrere Edelleute , gefolgt von Dienern mit Wein.

CASSIO
Auf Ehre, haben sie mir nicht schon einen Hieb beigebracht!

MONTANO
Ei, der wäre klein! Kaum eine Flasche, so wahr ich ein Soldat bin!

JAGO
Wein her!
Singt.

Stoßt an mit dem Gläselein, klingt, klingt!
Stoßt an mit dem Gläselein, klingt!
Der Soldat ist ein Mann,
Das Leben 'ne Spann,
Drum lustig, Soldaten, und trinkt!
Wein her, Burschen!

CASSIO
Auf Ehre, ein allerliebstes Lied.

JAGO
Ich habs in England gelernt, wo sie, das muß man sagen, sich gewaltig auf das Bechern verstehn. Euer Däne, Euer Deutscher, Euer dickbäuchiger Holländer - zu trinken, he! - sind alle nichts gegen den Engländer.

CASSIO
Ist denn der Engländer so sehr ausbündig im Trinken?

JAGO
Ei wohl! Den Dänen trinkt er Euch mit Gemächlichkeit untern Tisch, es wird ihn wenig angreifen, den Deutschen kaputtzumachen, und den Holländer zwingt er zur Übergabe, eh der nächste Humpen gefüllt werden kann.

CASSIO
Auf unsers Gouverneurs Gesundheit!

MONTANO
Da trink ich mit, Leutnant, und ich will Euch Bescheid tun.

JAGO
O das liebe England! -
Singt.

König Stephan war ein wackrer Held,
Eine Krone kostet ihm sein Rock:
Das fand er um sechs Grot geprellt
Und schalt den Schneider einen Bock.
Und war ein Fürst von großer Macht,
Und du bist solch geringer Mann:
Stolz hat manch Haus zu Fall gebracht,
Drum zieh den alten Kittel an!
Wein her, sag ich!

CASSIO
Ei, das Lied ist noch viel herrlicher als das erste.

JAGO
Wollt Ihrs nochmals hören?

CASSIO
Nein, denn ich glaube, der ist seiner Stelle unwürdig, der so was tut. - Wie gesagt - der Himmel ist über uns allen; und es sind Seelen, die müssen selig werden, und andre, die müssen nicht selig werden.

JAGO
Sehr wahr, lieber Leutnant.

CASSIO
Ich meinesteils - ohne dem General oder sonst einer hohen Person vorzugreifen -, ich hoffe, selig zu werden.

JAGO
Und ich auch, Leutnant.

CASSIO
Aber, mit Eurer Erlaubnis, nicht vor mir - der Leutnant muß vor dem Fähnrich selig werden. Nun genug hievon; wir wollen auf unsre Posten. - Vergib uns unsre Sünden! - Meine Herren, wir wollen nach

unserm Dienst sehn. Ihr müßt nicht glauben, meine Herrn, daß ich betrunken bin. Dies ist mein Fähnrich - dies ist meine rechte Hand - dies meine linke Hand - ich bin also nicht betrunken; ich stehe noch ziemlich gut und spreche noch ziemlich gut.

ALLE
Außerordentlich gut!

CASSIO
Nun, recht gut also; Ihr müßt also nicht meinen, daß ich betrunken bin.
Er geht ab.

MONTANO
Jetzt zur Terrasse; laßt die Wachen stellen!

JAGO
Da seht den jungen Mann, der eben ging! -
Ein Krieger, wert, bei Cäsar selbst zu stehn
Und zu befehlen; doch ihr seht sein Laster,
Es ist das Äquinoktium seiner Tugend,
Eins ganz dem andern gleich, 's ist schad um ihn!
Das Zutraun, fürcht ich, das der Mohr ihm schenkt,
Bringt Zypern Unglück, trifft die Schwachheit ihn
Zu ungelegner Stunde.

MONTANO
Ist er oft so?

JAGO
So ist er immer vor dem Schlafengehn:
Er wacht des Zeigers Umkreis zweimal durch,
Wiegt ihn der Trunk nicht ein.

MONTANO

Dann wär es gut,
Man meldete den Fall dem General.
Vielleicht, daß ers nicht sieht; vielleicht gewahrt
Sein gutes Herz die Tugend nur am Cassio,
Und ihm entgehn die Fehler; ists nicht so?
Rodrigo tritt auf.

JAGO
beiseit zu ihm.
Was solls, Rodrigo?
Ich bitt Euch, folgt dem Leutnant nach, geht doch!
Rodrigo ab.

MONTANO
Und wahrlich schade, daß der edle Mohr
So wichtigen Platz wie den gleich nach ihm selbst
Dem Mann vertraut, in dem die Schwachheit wuchert.
Der tät ein gutes Werk, wer dies dem Mohren
Entdeckte.

JAGO

Ich täts nicht, nicht für ganz Zypern.
Ich liebe Cassio sehr und gäbe viel,
Könnt ich ihn heilen. Horch! Was für ein Lärm?
Man ruft hinter der Szene: Hülfe! Hülfe: Cassio kommt zurück und verfolgt den Rodrigo.

CASSIO
Du Lump! Du Schuft!

MONTANO

Nun, Leutnant, was ist Euch?

CASSIO
Der Schurke Pflicht mich lehren?
In eine Korkflasch prügl ich ihn hinein!

RODRIGO
Mich prügeln?

CASSIO
Muckst du, Kerl?
Er schlägt Rodrigo.

MONTANO
Still, lieber Leutnant!
Ich bitt Euch, haltet ein!

CASSIO
Herr, laßt mich gehn,
Sonst zeichn ich Eure Fratze!

MONTANO
Geht, Ihr seid trunken!

CASSIO
Trunken?
Sie fechten.

JAGO
leise zu Rodrigo.
Fort, sag ich! Eil und rufe Meuterei!
Rodrigo ab.
Still doch, Herr Leutnant! Still doch, liebe Herrn!
He, Hülfe! Leutnant - Herr - Montano - Herr! -
Helft, Nachbarn! - Nun, das ist 'ne saubre Wache!
Eine Glocke läutet.
Wer zieht die Glocke denn? O Diavolo!

Die Stadt wird wach - Pfui, pfui doch, Leutnant! Halt!
Ihr macht Euch ewige Schande.
Othello kommt mit Gefolge.

OTHELLO
Was gibts hier?

MONTANO
Teufel, ich blute stark! Er traf mich tödlich!

OTHELLO
Bei Euerm Leben, halt!

JAGO
Halt, Leutnant! Herr! Montano - liebe Herrn -
Vergaßt Ihr allen Sinn für Rang und Pflicht?
Halt, hört den General! O schämt Euch! Halt!

OTHELLO
Was gibt es hier? Woher entspann sich dies?
Sind wir denn Türken? Tun uns selber das,
Was den Ungläubigen der Himmel wehrt?
Schämt Euch als Christen! Laßt Eur heidnisch Raufen;
Wer sich noch rührt und zäumt nicht seine Wut,
Der wagt sein Leben dran; ein Schritt ist Tod.
Still mit dem Sturmgeläut! Es schreckt die Insel
Aus ihrer Fassung. Was geschah. Ihr Herrn?
Ehrlicher Jago, du bist bleich vor Gram,
Sprich, wer hob an? Bei deiner Lieb, ich wills.

JAGO
Ich weiß nicht. Freunde jetzt noch, jetzt im Nu,
Liebreich und gut wie Bräutigam und Braut,
Wenn sie zu Bette gehn; und drauf im Nu,
Als ob sie plötzlich ein Planet verwirrt,

Das Schwert heraus, und aufeinander stechend
In blutiger Gegnerschaft. Ich kann nicht sagen,
Wie dieser wunderliche Kampf begann,
Und hätt in guter Schlacht die Beine lieber
Verloren, die dazu hieher mich trugen.

OTHELLO
Wie, Cassio, kams, daß du dich so vergaßest?

CASSIO
Ich bitt Euch, Herr, verzeiht, ich kann nicht reden.

OTHELLO
Würdger Montan, Ihr schient mir sonst gesittet;
Die Ruh und edle Haltung Eurer Jugend
Pries alle Welt, und Euer Name prangte
Im Lob der Weisen: Sagt mir denn, wie kams,
Daß Ihr so abgestreift den guten Leumund
Und Eures Ansehns Reichtum für den Ruf
Nächtlicher Rauflust hinwerft? Gebt mir Antwort!

MONTANO
Würdger Othello, ich bin schwer verwundet,
Eur Fähnrich Jago kann Euch Meldung tun
- Mir fällt das Reden schwer, ich spart es gern -
Von allem, was ich weiß; doch wüßt ich nicht,
Worin ich mich in Wort und Tat versündigt,
Wenn Selbsterhaltung nicht ein Frevel ist
Und unser Leben schützen ein Vergehn,
Wann uns Gewalt bedrohte.

OTHELLO
Nun, beim Himmel,
Mein Blut beginnt zu meistern die Vernunft,
Und Leidenschaft, mein helles Urteil trübend,

Maßt sich der Führung an; reg ich mich erst,
Erheb ich nur den Arm, dann soll der Beste
Vor meinem Streiche fallen. Tut mir kund:
Wie kam der schnöde Zank? Wer bracht ihn auf?
Wer immer hier verschuldet dies Vergehn,
Wär er mir blutsverwandt, mein Zwillingsbruder,
Verliert mich. - ... Was! In der Festung selbst
- Das Volk noch ungewiß, von Angst betäubt -
Privatgezänk und Händel anzustiften
Bei Nacht, und auf des Schlosses höchster Wache?
's ist ungeheuer. - Jago, wer begann?

MONTANO
Wer hier parteiisch oder dienstbefreundet
Mehr oder minder als die Wahrheit spricht,
Ist kein Soldat.

JAGO
Ha, leg mirs nicht so nah!
Ich büßte ja die Zunge lieber ein,
Als daß sie gegen Michael Cassio zeugte;
Doch glaub ich fest, die Wahrheit reden bringt
Ihm keinen Nachteil. - So geschahs, mein Feldherr:
Ich und Montano waren im Gespräch,
Da kommt ein Mensch, der laut um Hülfe schreit,
Und Cassio folgt ihm mit gezücktem Schwert,
Ihn zu verwunden; drauf trat dieser Herr
Cassio entgegen, bat ihn, still zu sein,
Und ich derweil verfolgte jenen Schreier,
Damit sein Ruf nicht, wie es doch geschah,
Die Stadt erschrecke. Jener, leicht zu Fuß,
Entlief mir; und ich kehrte um so schneller,
Weil ich Geklirr und Waffenlärm vernahm
Und Cassios lautes Fluchen, was bis heut

Ich nie von ihm gehört: Als ich zurückkam
- Und das war gleich -, fand ich sie hart zusammen,
Auf Hieb und Stoß; ganz, wie das zweite Mal,
Als Ihr sie selber trenntet.
Mehr von dem Vorfall ist mir nicht bekannt. -
Doch Mensch ist Mensch, der Beste fehlt einmal;
Und ob ihm Cassio gleich zu nah getan
- Wie man in Wut den besten Freund ja schlägt -,
Doch denk ich, ward von dem, der floh, an Cassio
So große Kränkung wohl geübt, als kaum
Geduld ertragen mag.

OTHELLO
Ich weiß wohl, Jago,
Aus Lieb und Bravheit milderst du die Sache
Zugunsten Cassios. - Cassio, ich lieb dich;
Allein mein Leutnant bist du länger nicht. -
Desdemona kommt mit Gefolge.
Seht, ward mein liebes Weib nicht auch geweckt! -
Ich geb an dir ein Beispiel.

DESDEMONA
Was gabs hier, mein Teurer?

OTHELLO
's ist alles gut schon, Liebe, komm zu Bett! -
Ich selbst will Arzt sein, Herr, für Eure Wunden. -
Führt ihn nach Haus!
Montano wird weggeführt.
Du, Jago, sieh mit Sorgtalt auf die Stadt,
Beschwichtige, wen der schnöde Lärm geängstet! -
Komm, Desdemona; oft im Kriegerleben
Wird süßer Schlaf der Störung preisgegeben.
Alle ab; es bleiben Jago und Cassio.

JAGO
Seid Ihr verwundet, Leutnant?

CASSIO
O ja, so, daß kein Arzt mir hilft!

JAGO
Ei, das verhüte der Himmel! -

CASSIO
Guter Name! Guter Name! Guter Name! O ich habe meinen guten Namen verloren! Ich habe das unsterbliche Teil von mir selbst verloren, und was übrigbleibt, ist tierisch. - Mein guter Name, Jago, mein guter Name! -

JAGO
So wahr ich ein ehrlicher Mann bin, ich dachte, du hättest eine körperliche Wunde empfangen, und das bedeutet mehr als mit dem guten Namen. Der gute Name ist eine nichtige und höchst trügliche Einbildung, oft ohne Verdienst erlangt und ohne Schuld verloren. Du hast überhaupt gar keinen guten Namen verloren, wenn du nicht an diesen Verlust glaubst. Mut, Freund, es gibt ja Mittel, den General wieder zu gewinnen. Du bist jetzt nur in seiner Heftigkeit kassiert; er straft mehr aus Klugheit als aus böser Absicht, just als wenn einer seinen harmlosen Hund schlüge, um einen drohenden Löwen zu schrecken. Gib ihm wieder ein gutes Wort, und er ist dein.

CASSIO
Lieber will ich ein gutes Wort einlegen, daß er mich ganz verstoße, als einen so guten Feldherrn noch länger hintergehn mit einem so leichtsinnigen, trunkenen und unbesonnenen Offizier. Trunken sein? Und wie ein Papagei plappern? Und renommieren und toben, fluchen und Bombast schwatzen mit dem eignen Schatten? O du unsichtbarer Geist des Weins, wenn du noch keinen Namen hast, an dem man dich kennt, so heiße Teufel!

JAGO
Wer wars, den du mit dem Degen verfolgtest? Was hatte er dir getan?

CASSIO
Ich weiß nicht.

JAGO
Ists möglich?

CASSIO
Ich besinne mich auf einen Haufen Dinge, aber auf nichts deutlich, auf einen Zank, aber nicht weswegen. O daß wir einen bösen Feind in den Mund nehmen, damit er unser Gehirn stehle! Daß wir durch Frohlocken, Schwärmen, Vergnügen und Aufregung uns in Vieh verwandeln!

JAGO
Nun, aber du scheinst mir jetzt recht wohl; wie hast du dich so schnell erholt?

CASSIO
Es hat dem Teufel Trunkenheit gefallen, dem Teufel Zorn Platz zu machen. Eine Schwachheit enthüllt mir die andre, damit ich mich recht von Herzen verachten möge.

JAGO
Geh, du bist ein zu strenger Moralist! Wie Zeit, Ort und die Umstände des Landes beschaffen sind, wünschte ich von Herzen, dies wäre nicht geschehn; da es aber nun einmal so ist, so richte es wieder ein zu deinem Besten!

CASSIO
Ich will wieder um meine Stelle bei ihm nachsuchen, er wird mir antworten, ich sei ein Trunkenbold! Hätte ich so viel Mäuler als die

Hydra, solch eine Antwort würde sie alle stopfen. Jetzt ein vernünftiges Wesen sein, bald darauf ein Narr und plötzlich ein Vieh - o furchtbar! Jedes Glas zuviel ist verflucht, und sein Inhalt ist ein Teufel!

JAGO
Geh, geh; guter Wein ist ein gutes, geselliges Ding, wenn man mit ihm umzugehn weiß. Scheltet mir nicht mehr auf ihn! Und, lieber Leutnant, ich denke, du denkst, ich liebe dich.

CASSIO
Ich habe Beweise davon, Freund. - Ich betrunken!

JAGO
Du oder jeder andre Erdensohn kann sich wohl einmal betrinken, Freund. Ich will dir sagen, was du zu tun hast. Unsers Generals Frau ist jetzt General - das darf ich insofern sagen, als er sich ganz dem Anschauen, der Bewunderung und Auffassung ihrer Reize und Vollkommenheiten hingegeben und geweiht hat. Nun, beichte ihr alles frei heraus, bestürme sie, sie wird dir schon wieder zu deinem Amt verhelfen! Sie ist von so offener, freundlicher, hilfreicher, gnädiger Art, daß sie's für einen Flecken in ihrer Güte halten würde, nicht noch mehr zu tun, als um was sie gebeten wird. Dies zerbrochne Glied zwischen dir und ihrem Manne bitte sie zu schienen; und, mein Vermögen gegen irgend etwas, das Namen hat, dieser Freundschaftsbruch wird die Liebe fester machen als zuvor.

CASSIO
Du rätst mir gut.

JAGO
Ich beteure es mit aufrichtiger Liebe und redlichem Wohlwollen.

CASSIO
Das glaube ich zuversichtlich, und gleich morgen früh will ich die

tugendhafte Desdemona ersuchen, sich für mich zu verwenden. Ich verzweifle an meinem Glück, wenns mich hier zurückstößt.

JAGO
Ganz recht. Gute Nacht, Leutnant, ich muß auf die Wache.

CASSIO
Gute Nacht, ehrlicher Jago!
Er geht ab.

JAGO
Und wer ist nun, der sagt, ich sei ein Schurke?
Da dieser Rat aufrichtig ist und redlich,
Geprüft erscheint und, in der Tat, der Weg,
Den Mohren umzustimmen? Denn sehr leicht
Wird Desdemonas mildes Herz bewegt
Für eine gute Sache. Segenspendend
Ist sie wie die Natur. Und dann für sie
Den Mohren zu gewinnen - gälts der Taufe
Und der Erlösung Siegel zu entsagen,
Sein Herz ist so verstrickt von ihrer Liebe,
Daß sie ihn formt, umformt, tut, was sie will,
Wie's ihr gelüsten mag, den Gott zu spielen
Mit seiner Weichheit. Bin ich denn ein Schurke?
Rat ich dem Cassio solchen Richtweg an
Zu seinem Glücke? - Höllenpriesterrat!
Wenn Teufel ärgste Sünde fördern wollen,
So locken sie zuerst durch frommen Schein,
Wie ich jetzt tu. Derweil der gute Tropf
In Desdemona dringt, ihm beizustehn,
Und sie mit Nachdruck sein Gesuch begünstigt,
Träuf ich den Gifttrank in Othellos Ohr:
Daß sie zu eigner Lust zurück ihn ruft.
Und um so mehr sie strebt, ihm wohlzutun,

Vernichtet sie beim Mohren das Vertraun.
So wend ich ihre Tugend selbst zum Laster,
Und strick ein Netz aus ihrer eignen Güte,
Das alle soll umgarnen. -
Rodrigo kommt.
Nun, Rodrigo?

RODRIGO
Ich folge hier der Meute, nicht wie ein Hund, der jagt, sondern wie einer, der nur mit anschlägt. Mein Geld ist fast vertan, ich bin heut nacht tüchtig durchgeprügelt, und ich denke, das Ende wird sein, daß ich für meine Mühe doch etwas Erfahrung gewinne, und so, ganz ohne Geld und mit etwas mehr Verstand, nach Venedig heimkehre.

JAGO
Wie arm sind die, die nicht Geduld besitzen!
Wie heilten Wunden, als nur nach und nach?
Du weißt, man wirkt durch Witz und nicht durch Zauber,
Und Witz beruht auf Stund und günstiger Zeit.
Gehts denn nicht gut? Cassio hat dich geschlagen,
Und du, mit wenig Schmerz, kassierst den Cassio.
Gedeihn auch andre Dinge in der Sonne,
Die erste Frucht bringt, was zuerst geblüht.
Beruhige dich! - Beim Kreuz, der Morgen graut,
Vergnügen und Geschäft verkürzt die Zeit.
Nun laß mich erst, geh jetzt in dein Quartier!
Fort, sag ich, du erfährst in kurzem mehr.
Nein, geh doch nur.
Rodrigo ab.
Zwei Dinge sind zu tun:
Mein Weib muß ihre Frau für Cassio bitten,
Ich stimme sie dazu;
Indes nehm ich den Mohren auf die Seite,

Und führ ihn just hinein, wenn Cassio dringend
Sein Weib angeht. - Nun helfe mir der Trug!
So muß es gehn ohn Lauheit und Verzug! -
Er geht ab.

DRITTER AKT

ERSTE SZENE

Zypern. Vor dem Schlosse

Cassio tritt auf mit Musikanten.

CASSIO
Ihr Herrn, spielt auf, ich zahl Euch Eure Müh,
Ein kurzes Stück als Morgengruß dem Feldherrn!
Musik. Der Narr tritt auf.

NARR
Nun, Ihr Herren? Sind Eure Pfeifen in Neapel gewesen, daß sie so durch die Nase schnarren?

ERSTER MUSIKANT
Wie, Herr, wie?

NARR
Bitte, sind das Blasinstrumente?

ERSTER MUSIKANT
Ja, gewiß, Blasinstrumente.

NARR
Oh, da hängt was dran.

ERSTER MUSIKANT
Woran hängt was?

NARR
Freilich, an manchem Blasinstrument, das ich kenne. Aber hier ist Geld für Euch, Ihr Herren, und dem General gefällt Eure Musik so ausnehmend, daß er Euch um alles in der Welt bitten läßt, keinen Lärm mehr damit zu machen.

ERSTER MUSIKANT
's ist gut, Herr, das wollen wir auch nicht.

NARR
Wenn Ihr eine Musik habt, die gar nicht zu hören ist, in Gottes Namen; aber, was man sagt, Musik hören: danach fragt der General nicht viel.

ERSTER MUSIKANT
Solche haben wir nicht, Herr.

NARR
Dann steckt Eure Pfeifen wieder in den Sack, denn ich will fort. Geht, verschwindet in die Lüfte! Fort!
Die Musikanten gehn ab.

CASSIO
Hörst du, mein ehrliches Gemüt?

NARR
Nein, Eur ehrliches Gemüt hör ich nicht; ich höre Euch.

CASSIO
Ich bitt dich, laß deine Witze! Hier hast du ein kleines Goldstückchen; wenn die Gesellschaftsdame deiner Gebieterin schon munter ist, sag ihr, hier sei ein gewisser Cassio, der sie um die Vergünstigung eines kurzen Gesprächs bitte. Willst du das tun?

NARR
Munter ist sie, Herr: wenn sie sich hieher ermuntern will, so werd

ichs ihr insinuieren.

CASSIO
Dank, lieber Freund! -
Narr ab. Jago tritt auf.
Ei, Jago, grade recht!

JAGO
So gingt Ihr nicht zu Bett?

CASSIO
Ich? Nein, der Morgen graute,
Eh wir uns trennten. Eben jetzt, mein Jago,
Schickt ich zu deiner Frau, um sie zu bitten,
Sie wolle bei der edlen Desdemona
Mir Zutritt schaffen.

JAGO
Ich will gleich sie rufen;
Und auf ein Mittel sinn ich, wie der Mohr
Entfernt wird, daß ihr um so freier euch
Besprechen mögt.

CASSIO
Von Herzen dank ich dirs. -
Jago ab.
Ich kannte nie
'nen Florentiner, der so brav und freundlich.
Emilia tritt auf.

EMILIA
Guten Morgen, werter Leutnant. Euer Unfall
Betrübt mich sehr, doch wird noch alles gut.
Der General und seine Frau besprechens,

Und warm vertritt sie Euch; er wendet ein,
Der, den Ihr straft, sei hochgeschätzt in Zypern,
Von großem Anhang, und nach bestem Rat
Könn er Euch nicht verteidigen. Doch er liebt Euch,
Und keines Fürworts brauchts als seine Freundschaft,
Die sicherste Gelegenheit zu nutzen,
Euch wieder einzusetzen.

CASSIO
Dennoch bitt ich,
Wenn Ihrs für ratsam haltet oder tunlich,
Schafft mir die Wohltat einer Unterredung
Allein mit Desdemona!

EMILIA
Kommt mit mir;
Ich rieht es ein, daß Ihr in günstiger Muße
Euch frei aussprechen mögt.

CASSIO
Wie dank ich Euch!

Sie gehn ab.

ZWEITE SZENE

Zypern. Ein Zimmer im Schloß

Othello, Jago und Edelleute treten auf.

OTHELLO
Die Briefe, Jago, gib dem Schiffspatron,
Und meinen Gruß entbiet er dem Senat;
Ich will hernach die Außenwerke sehn,
Dort triffst du mich.

JAGO

Sehr wohl, mein General!

OTHELLO

Beliebts, Ihr Herrn, zur Festung mir zu folgen?

EDELLEUTE

Wir sind bereit, mein gnädiger Herr.
Sie gehn ab.

DRITTE SZENE

Zypern. Der Schloßgarten

Desdemona, Cassio und Emilia treten auf.

DESDEMONA

Nein, zweifle nicht, mein guter Cassio, alles,
Was mir nur möglich, biet ich für dich auf.

EMILIA

Tuts, edle Frau; ich weiß, mein Mann betrübt sich,
Als wär es seine Sache.

DESDEMONA

Er ist ein ehrlich Herz. Sei ruhig, Cassio,
Ich mache meinen Herrn und dich aufs neue
Zu Freunden, wie ihr wart.

CASSIO

O gütige Frau,
Was auch aus Michael Cassio werden mag,
Auf immer bleibt er Eurem Dienst ergeben.

DESDEMONA

Ich weiß und dank Euch. Und Ihr liebt den Herrn,

Ihr kennt ihn lange schon; drum seid gewiß,
Er wendet sich nicht ferner von Euch ab,
Als ihn die Klugheit zwingt.

CASSIO

Doch, gnädge Frau,
Die Klugheit währt vielleicht so lange Zeit,
Lebt von so magrer, wassergleicher Kost,
Erneut vielleicht sich aus dem Zufall so,
Daß, wenn ich fern bin und mein Amt besetzt,
Der Feldherr meine Lieb und Treu vergißt.

DESDEMONA
Das fürchte nimmer; vor Emilien hier
Verbürg ich dir dein Amt; und sei gewiß,
Versprach ich jemand einen Dienst, den leist ich
Bis auf den letzten Punkt. Ich laß ihm keine Ruh.
Ich mach ihn zahm, schwätz ihn aus der Geduld,
Sein Tisch und Bett soll Beicht und Schule sein,
In alles, was er vornimmt, meng ich ihm
Cassios Gesuch. Deshalb sei fröhlich, Cassio.
Denn lieber wird dein Anwalt sterben, als
Aufgeben deine Sache.

EMILIA

Gnädige Frau,
Hier kommt der Herr.

CASSIO

Ich nehme meinen Abschied.

DESDEMONA
Ei, bleibt und hört mich reden!

CASSIO

Gnädige Frau,
Jetzt nicht, ich bin nicht unbefangen, wenig
Geschickt für meine Absicht.

DESDEMONA

Meinethalb,
Tut nach Belieben!
Cassio geht. Othello und Jago treten auf.

JAGO
Ha! Das gefällt mir nicht!

OTHELLO

Was sagst du da?

JAGO
Nichts, gnädger Herr; doch wenn - ich weiß nicht, was

OTHELLO
War das nicht Cassio, der mein Weib verließ?

JAGO
Cassio, Genral? Gewiß, ich dächt es nicht,
Daß er wie schuldbewußt wegschleichen würde,
Da er Euch kommen sieht.

OTHELLO

Ich glaub, er wars.

DESDEMONA
Ei sieh, mein lieber Herr! -
Soeben sprach ein Bittender mit mir,
Ein Mann, durch dein Mißfallen ganz entmutigt.

OTHELLO
Wer ist es, den du meinst?

DESDEMONA
Nun, deinen Leutnant Cassio. Teurer Freund,
Hat meine Liebe Kraft, dich zu bewegen,
Dann augenblicks versöhne dich mit ihm!
Ist er nicht einer, der dich wahrhaft liebt,
Aus Übereilung fehlt' und nicht aus Vorsatz,
Versteh ich schlecht mich auf ein ehrlich Auge.
Bitte, ruf ihn zurück!

OTHELLO
Ging er jetzt fort?

DESDEMONA
Ja, wahrlich, so gebeugt,
Daß er ein Teil von seinem Gram mir ließ,
Mit ihm zu leiden. Liebster, ruf ihn wieder!

OTHELLO
Jetzt nicht, geliebtes Herz, ein andermal.

DESDEMONA
Doch bald?

OTHELLO
Sobald als möglich, deinethalb.

DESDEMONA
Zum Abendessen denn.

OTHELLO
Nein, heute nicht.

DESDEMONA
Zu morgen mittag dann?

OTHELLO
Ich speise nicht zu Haus;
Die Offiziere luden mich zur Festung.

DESDEMONA
Nun, morgen abend? Oder Dienstag morgen,
Zu Mittag oder Abend - Mittwoch früh?
O nenne mir die Zeit, doch laß es höchstens
Drei Tage sein! Gewiß, es reut ihn sehr;
Und sein Vergehn, nach unsrer schlichten Einsicht,
Wiewohl der Krieg ein Beispiel fordert, sagt man,
Am Besten selbst, ist nur ein Fehl, geeignet
Für heimlichen Verweis. Wann darf er kommen?
Sprich doch, Othello; ich weiß wirklich nicht,
Was du mich bitten könntest, das ich weigert'
Und ständ so zögernd nur. Ei, Michael Cassio,
Der für dich warb, und manches liebe Mal,
Wenn ich von dir nicht immer günstig sprach,
Dich treu verfocht, den kostets so viel Müh
Dir zu versöhnen? Glaubs, ich täte viel -

OTHELLO
Ich bitt dich, laß! Er komme, wann er will;
Ich will dir nichts versagen.

DESDEMONA
Es ist ja nicht für mich;
Es ist, als bät ich dich, Handschuh zu tragen,
Dich warm zu halten, kräftige Kost zu nehmen,
Oder als riet ich dir besondre Sorgfalt
Für deine Pflege; nein, hab ich zu bitten,

Was deine Liebe recht in Anspruch nimmt,
Dann muß es schwierig sein und voll Gewicht
Und mißlich die Gewährung.

OTHELLO
Ich will dir nichts versagen;
Dagegen bitt ich dich, gewähr mir dies:
Laß mich ein wenig nur mit mir allein!

DESDEMONA
Soll ichs versagen? Nein, leb wohl, mein Gatte!

OTHELLO
Leb wohl, mein Herz, ich folge gleich dir nach.

DESDEMONA
Emilia, komm! -
                    Tu, wie dich Laune treibt;
Was es auch sei, gehorsam bin ich dir.
Geht ab mit Emilien.

OTHELLO
Holdselig Ding! Verdammt sei meine Seele,
Lieb ich dich nicht; und wenn ich dich nicht liebe,
Dann kehrt das Chaos wieder.

JAGO
Mein edler General -

OTHELLO
                          Was sagst du, Jago?

JAGO
Hat Cassio, als Ihr warbt um Eure Gattin,
Gewußt um Eure Liebe?

OTHELLO
Von Anfang bis zu Ende; warum fragst du?

JAGO
Um nichts, als meine Neugier zu befriedigen;
Nichts Arges sonst.

OTHELLO
Warum die Neugier, Jago?

JAGO
Ich glaubte nicht, er habe sie gekannt.

OTHELLO
O ja, er ging von einem oft zum andern.

JAGO
Wirklich?

OTHELLO
Wirklich, ja, wirklich! Findst du was darin?
Ist er nicht ehrlich?

JAGO
Ehrlich, gnädiger Herr?

OTHELLO
Ehrlich, ja ehrlich!

JAGO
Soviel ich weiß, General!

OTHELLO
Was denkst du, Jago?

JAGO
Denken, gnädiger Herr?

OTHELLO
Hm, denken, gnädiger Herr! Bei Gott, mein Echo!
Als läg ein Ungeheuer in seinem Sinn,
Zu gräßlich, es zu zeigen. Etwas meinst du;
Jetzt eben riefst du: Das gefällt mir nicht! -,
Als Cassio fortging. Was gefällt dir nicht?
Und als ich sagt, ihm hab ich mich vertraut
Im Fortgang meiner Werbung, riefst du: Wirklich? -
Und zogst und faltetest die Stirn zusammen,
Als hieltst du einen greulichen Gedanken
Verschlossen im Gehirn. Wenn du mich liebst,
Sprich, was du denkst.

JAGO
Ihr wißt, ich lieb Euch, Herr!

OTHELLO
Das, denk ich, tust du;
Und weil ich weiß, du bist mein Freund, und redlich,
Und wägst das Wort, eh du ihm Atem leihst,
So ängstigt mich dies Stocken um so mehr,
Denn derlei ist bei falsch treulosen Buben
Alltäglich Spiel; doch bei dem Biedermann
Heimlicher Wink, der aus dem Herzen dringt
Im Zorn des Edelmuts.

JAGO
Nun, Michael Cassio -
Ich darf wohl schwören, ehrlich halt ich ihn.

OTHELLO
Ich auch.

JAGO

Man sollte sein das, was man scheint;
Und die es nicht sind, solltens auch nicht scheinen.

OTHELLO

Ganz recht, man sollte sein das, was man scheint.

JAGO

Nun wohl, so halt ich Cassio dann für ehrlich.

OTHELLO

Nein, damit meinst du mehr:
Ich bitt dich, sprich mir ganz so wie du denkst,
Ganz wie du sinnst, und gib dem schlimmsten Denken
Das schlimmste Wort.

JAGO

Mein General, verzeiht;
Obgleich zu jeder Dienstpflicht Euch verbunden,
Nicht bin ichs da, wo Sklaven frei sich fühlen.
Aussprechen die Gedanken!
Gesetzt, sie wären niedrig und verkehrt -
Wo ist der Palast, wo nicht auch einmal
Schändliches eindringt? Wessen Herz so rein,
Daß der und jener schmutzige Zweifel nicht
Einmal zu Rat sitzt und Gerichtstag hält
Mit rechtsgemäßer Forschung?

OTHELLO

Du übst Verrat an deinem Freunde, Jago,
Glaubst du, man kränk ihn, und verhüllst ihm doch,
Was du nur irgend denken magst.

JAGO

Ich bitt Euch,

Wenn auch vielleicht falsch ist, was ich vermute
- Wie's, ich bekenn es, stets mein Leben quält,
Fehltritten nachgehn, auch mein Argwohn oft
Aus nichts die Sünde schafft -, daß Eure Weisheit
Auf einen, der so unvollkommen wahrnimmt,
Nicht höre, daß Ihr Euch nicht Sorge schafft
Aus unsichrer, zufälliger Vermutung.
Nicht kanns bestehn mit Eurer Ruh und Wohlfahrt,
Noch meiner Mannheit, Redlichkeit und Vorsicht,
Sag ich Euch, was ich denke.

OTHELLO
Sprich, was meinst du?

JAGO
Der gute Name ist bei Mann und Frau,
Mein bester Herr,
Das eigentliche Kleinod ihrer Seelen.
Wer meinen Beutel stiehlt, nimmt Tand; 's ist etwas
Und nichts; mein war es, ward das Seine nun,
Und ist der Sklav von Tausenden gewesen.
Doch wer den guten Namen mir entwendet,
Der raubt mir das, was ihn nicht reicher macht,
Mich aber bettelarm.

OTHELLO
Beim Himmel, ich will wissen, was du denkst!

JAGO
Ihr könnts nicht, läg in Eurer Hand mein Herz,
Noch sollt Ihrs, weil es meine Brust verschließt.

OTHELLO
Ha! -

JAGO
O bewahrt Euch, Herr, vor Eifersucht,
Dem grüngeäugten Scheusal, das verhöhnt
Die Speise, die es nährt! Heil dem Betrognen,
Der, seiner Schmach bewußt, die Falsche haßt!
Doch welche Qualminuten zählt der Mann,
Der liebt, doch zweifelt, argwöhnt, doch vergöttert!

OTHELLO
O Jammer!

JAGO
Arm und vergnügt ist reich und überreich;
Doch Krösus' Reichtum ist so arm als Winter
Für den, der immer fürchtet, er verarme.
O Himmel schütz all meiner Freunde Herz
Vor Eifersucht!

OTHELLO
Wie? Was ist das? Denkst du,
Mein Leben soll aus Eifersucht bestehn,
Und wechseln wie der Mond, in ewigem Schwanken
Mit neuer Furcht? Nein, einmal Zweifeln ist
Zugleich Entschluß. Vertausch mich mit 'ner Geiß,
Wenn ich das Wirken meiner Seele richte
Auf solch verblasnes, nichtiges Phantom,
Wahnspielend, so wie du. Nicht weckt mirs Eifersucht,
Sagt man, mein Weib ist schön, gedeiht, spricht scherzend,
Sie liebt Gesellschaft, singt, spielt, tanzt mit Reiz
- Wo Tugend ist, macht das noch tugendhafter -,
Noch schöpf ich je aus meinen eignen Mängeln
Die kleinste Furcht, noch Zweifel ihres Abfalls.
Sie war nicht blind und wählte mich. Nein, Jago,
Eh ich zweifle, will ich sehn; zweifl ich. Beweis,

Und hab ich den, so bleibt nichts anders übrig,
Als fort auf eins mit Lieb und Eifersucht.

JAGO
Das freut mich, denn nun darf ich ohne Scheu
Euch offenbaren meine Lieb und Pflicht
Mit freierm Herzen. Drum als Freundeswort
Hört so viel nur - noch schweig ich von Beweisen -:
Beachtet Eure Frau, prüft sie mit Cassio,
Das Auge klar, nicht blind, nicht eifersüchtig;
Wie traurig, würd Eur freies, edles Herz
Gekränkt durch seine Güte; drum gebt acht!
Venedigs Art und Sitte kenn ich wohl:
Dort lassen sie den Himmel Dinge sehn,
Die sie dem Mann verbergen - gut Gewissen
Heißt dort nicht: unterlaß! nein: halt geheim!

OTHELLO
Meinst du?

JAGO
Den Vater trog sie, da sie Euch geehlicht;
Als sie vor Euerm Blick zu beben schien,
War sie in Euch verliebt.

OTHELLO
Jawohl!

JAGO
Nun folglich:
Sie, die so jung sich so verstellen konnte,
Daß sie des Vaters Blick mit Nacht umhüllte,
Daß ers für Zauber hielt - doch scheltet mich -,
In Demut bitt ich Euch, Ihr wollt verzeihn,
Wenn ich zu sehr Euch liebe.

OTHELLO
Ich bin dir ewig dankbar.

JAGO
Ich seh, dies bracht Euch etwas aus der Fassung.

OTHELLO
O gar nicht, gar nicht!

JAGO
Ja, ich fürcht es doch.
Ich hoff. Ihr wollt bedenken: was ich sprach,
Geschah aus Liebe. Doch Ihr seid bewegt;
Ich bitt Euch, Herr, dehnt meine Worte nicht
Zu größerm Raum und weitrer Richtung aus,
Als auf Vermutung.

OTHELLO
Nein.

JAGO
Denn tätet Ihrs,
So hätten meine Reden schlimmre Folgen,
Als ich jemals gedacht. Sehr lieb ich Cassio -
Ich seh. Ihr seid bewegt.

OTHELLO
O nein, nicht sehr!
Ich glaube, Desdemona ist mir treu.

JAGO
Lang bleibe sie's! Und lange mögt Ihrs glauben!

OTHELLO
Und dennoch, ob Natur, wenn sie verirrt -

JAGO
Ja, darin liegts: als, um es dreist zu sagen,
So manchem Heiratsantrag widerstehn,
Von gleicher Heimat, Wohlgestalt und Rang,
Wonach, wir sehns, Natur doch immer strebt -
Hm, darin spürt man wilde Leidenschaft,
Schlimme Verkehrtheit, unnatürlich Fühlen.
Jedoch verzeiht; ich hab in diesem Fall
Nicht sie bestimmt gemeint, obschon ich fürchte,
Daß ihr Verlangen, besserm Urteil folgend,
Euch einst vergleicht mit ihren Landsgenossen;
Und dann vielleicht bereut sie.

OTHELLO
Lebe wohl! -
Wenn du mehr wahrnimmst, laß mich mehr erfahren;
Dein Weib geb auf sie acht! Verlaß mich, Jago!

JAGO
abgehend.
Lebt wohl, mein gnädiger Herr!

OTHELLO
Warum vermählt ich mich? Der brave Mensch
Sieht und weiß mehr, weit mehr, als er enthüllt!

JAGO
zurückkehrend.
Mein General, ich möcht Euch herzlich bitten,
Nicht weiter grübelt, überlaßts der Zeit!
Und ists gleich recht, Cassio im Dienst zu lassen,
Denn allerdings steht er ihm trefflich vor,
Doch wenns Euch gut dünkt, haltet ihn noch hin;
Dadurch verrät er sich und seine Wege.

Habt acht, ob Eure Gattin seine Rückkehr
Mit dringend heftigem Ungestüm begehrt;
Daraus ergibt sich manches. Unterdes
Denkt nur, ich war zu emsig in der Furcht,
Und wirklich muß ich fürchten, daß ichs war,
Und haltet sie für treu, mein edler Feldherr!

OTHELLO
Sorg nicht um meine Fassung!

JAGO
Noch einmal nehm ich Abschied.
Ab.

OTHELLO
Das ist ein Mensch von höchster Redlichkeit
Und kennt mit wohlerfahrnem Sinn das Treiben
Des Weltlaufs. Find ich dich verwildert, Falk,
Und sei dein Fußriem mir ums Herz geschlungen,
Los geb ich dich, flieg hin in alle Lüfte
Auf gutes Glück! Vielleicht wohl, weil ich schwarz bin
Und mir des leichten Umgangs Gabe fehlt,
Der Stutzer ziert, auch weil sich meine Jahre
Schon abwärts senken - doch das ist nicht viel -,
Ist sie gegangen. Ich, betrogen, muß
Mit Bitterkeit mich trösten. Fluch des Ehstands,
Daß unser diese zarten Wesen sind,
Nicht ihr Begehren! Lieber Kröte sein
Und von den Dünsten eines Kerkers leben,
Als daß ein Winkel im geliebten Wesen
Für andre sei! Das ist der Großen Qual:
Sie haben minder Vorrecht als der Niedre,
's ist ihr Geschick, unwendbar wie der Tod;
Schon im Entstehn schwebt der gehörnte Fluch

Auf unserm Scheitel. - Desdemona kommt;
Ist diese falsch, so spottet sein der Himmel!
Ich wills nicht glauben!
Desdemona und Emilia kommen zurück

DESDEMONA
Nun, mein teurer Herr?
Dein Gastmahl und die edlen Zyprier,
Die du geladen, warten schon auf dich.

OTHELLO
Ich bin zu tadeln.

DESDEMONA
Was redest du so matt? Ist dir nicht wohl?

OTHELLO
Ich fühle Schmerz an meiner Stirne hier.

DESDEMONA
Ei ja, das kommt vom Wachen, es vergeht:
Ich will sie fest dir binden, in 'ner Stunde
Ists wieder gut.

OTHELLO
Dein Schnupftuch ist zu klein.
Er weist das Schnupftuch von sich, und sie läßt es fallen.
Laß nur; komm mit, ich geh hinein mit dir.

DESDEMONA
Es quält mich sehr, daß du dich unwohl fühlst.
Desdemona und Othello ab.

EMILIA
Mich freut, daß ich das Tuch hier finde;
Dies war des Mohren erstes Liebespfand.

Mein wunderlicher Mann hieß mich schon zehnmal,
Das Tuch entwenden; doch sie liebts so sehr,
Denn er beschwor sie, immer es zu hüten,
Daß sie's beständig bei sich trägt, es küßt
Und spricht damit. Das Stickwerk zeichn ich nach
Und geb es Jago;
Wozu ers will, der Himmel weiß; gleichviel,
Ich füge mich in seiner Launen Spiel.
Jago tritt auf.

JAGO
Was gibts? Was machst du hier allein?

EMILIA
Nun zank nur nicht, ich habe was für dich.

JAGO
Hast was für mich? Das ist nun wohl nichts Neues -

EMILIA
Ei, seht mir doch!

JAGO
- ein närrisch Weib zu haben.

EMILIA
So! Weiter nichts? Nun sprich, was gibst du mir
Für dieses Taschentuch?

JAGO
Welch Taschentuch?

EMILIA
Welch Taschentuch?
Ei nun, des Mohren erstes Brautgeschenk,
Das du so oft mich zu entwenden hießest.

JAGO
Hast du's gestohlen?

EMILIA
Das nicht, sie ließ es fallen aus Versehn;
Und ich zum Glück stand nah und hob es auf.
Sieh da, hier ists.

JAGO
Ein braves Weib! Gib her!

EMILIA
Was soll dirs nur, daß du so eifrig drängst,
Ihrs wegzumausen?

JAGO
reißt es ihr weg.
Ei! Was gehts dich an!

EMILIA
Hats keinen wichtgen Zweck, so gib mirs wieder:
Die arme Frau! - Sie wird von Sinnen kommen,
Wenn sie's vermißt.

JAGO
Laß dir nichts merken: genug, daß ichs bedarf.
Geh, laß mich!
Emilia ab.
Ich will bei Cassio dieses Tuch verlieren,
Da soll ers finden; Dinge, leicht wie Luft,
Sind für die Eifersucht Beweis, so stark
Wie Bibelsprüche. Dies kann Wirkung tun.
Der Mohr ist schon im Kampf mit meinem Gift.
Gefährliche Gedanken sind gleich Giften,
Die man zuerst kaum wahrnimmt am Geschmack,

Allein nach kurzer Wirkung auf das Blut,
Gleich Schwefelminen glühn. Ich sagt es wohl!
[Othello tritt auf.]
Da kommt er. Mohnsaft nicht noch Mandragora,
Noch alle Schlummerkräfte der Natur
Verhelfen je dir zu dem süßen Schlaf,
Den du noch gestern hattest.
Othello kommt zurück.

OTHELLO
Ha! Ha! Mir treulos! Mir!

JAGO
Nun, faßt Euch, General! Nichts mehr davon!

OTHELLO
Fort! Heb dich weg! Du warfst mich auf die Folter.
Ich schwör, 's ist besser, sehr betrogen sein,
Als nur ein wenig wissen.

JAGO
Wie, General?

OTHELLO
Was ahnte ich von ihren stillen Lüsten?
Ich sahs nicht, dacht es nicht, war ohne Harm,
Schlief wohl die nächste Nacht, war frei und froh;
Ich fand nicht Cassios Küss' auf ihren Lippen.
Wenn der Bestohlne nicht vermißt den Raub,
Sagt ihrs ihm nicht, so ist er nicht bestohlen.

JAGO
Es schmerzt mich, dies zu hören.

OTHELLO
Noch wär ich glücklich, wenn das ganze Lager,
Troßbub und alles, ihren süßen Leib genoß,
Und ich erfuhr es nicht! O nun, auf immer
Fahr wohl des Herzens Ruh! Fahr wohl, mein Friede!
Fahr wohl, du wallender Helmbusch, stolzer Krieg,
Der Ehrgeiz macht zur Tugend! O fahr wohl!
Fahr wohl, mein wiehernd Roß und schmetternd Erz,
Mutschwellende Trommel, muntrer Pteifenklang,
Du königlich Panier und aller Glanz,
Pracht, Pomp und Rüstung des glorreichen Kriegs!
Und o du Mordgeschoß, des rauher Schlund
Des ewigen Jovis Donner widerhallt,
Fahr wohl! Othellos Tagwerk ist getan!

JAGO
Ists möglich? Gnädiger Herr -

OTHELLO
Beweise, Schurke, mir, mein Weib sei Hure!
Packt ihn bei der Kehle.
Tu's ja, schaff mir den sichtlichen Beweis,
Sonst, bei dem Leben meiner ewigen Seele,
Besser wär dirs, ein Hund geboren sein,
Als meinem Grimm dich stellen.

JAGO
Dahin kams?

OTHELLO
Sehn will ich oder mindestens Beweis,
An dem kein Häkchen sei, den kleinsten Zweifel
Zu hängen dran, sonst wehe deiner Seele!

JAGO
Mein edler Herr -

OTHELLO
Wenn du sie frech verleumdest und mich folterst,
Dann bete nie mehr, gib 's Gewissen auf,
Auf höchsten Greuel häufe neuen Greul,
Mach, daß der Himmel weint, die Erde bebt!
Denn nichts zum ewigen Fluche kannst du fügen,
Das größer sei.

JAGO
O Gnad! O Himmel, schütz mich!
Seid Ihr ein Mann? Habt Ihr Vernunft und Sinn?
Fahrt wohl denn! Nehmt mein Amt! Ich blöder Tor,
Daß meine Redlichkeit als Laster gilt!
O schnöde Welt! Merk auf, merk auf, o Welt:
Aufrichtig sein und redlich bringt Gefahr! -
Dank für die Warnung; keinen Freund von jetzt
Lieb ich hinfort, da Liebe so verletzt.

OTHELLO
Nein, bleib; du solltest doch wohl ehrlich sein.

JAGO
Klug sollt ich sein, denn Ehrlichkeit ist töricht,
Verfehlt, wonach sie strebt.

OTHELLO
Himmel und Erde!
Ich denk, mein Weib ist treu, und ist es nicht;
Ich denke, du bist brav, und bist es nicht;
Ich will Beweis. Ihr Name, einst so hell
Wie Dianens Antlitz, ist nun wüst und schwarz
Wie mein Gesicht. - Wenns Messer gibt und Stricke,

Gift, Feuer oder Ströme zum Ersäufen,
Ich duld es nicht. - O wär ich überzeugt!

JAGO
Ich sehe, wie Euch Leidenschaft verzehrt;
Mich reut, daß ich Euch Anlaß gab. So möchtet
Ihr überzeugt sein?

OTHELLO
Möchte? Nein, ich will!

JAGO
Und könnt. Doch wie? Wie überzeugt, o Herr?
Wollt Ihr mit offnem Blick die Frechheit schaun?
Sie sehn gepaart?

OTHELLO
Ha, Tod und Teufel! Oh!

JAGO
Ein schwierig Unternehmen, denk ich mir,
Sie so zur Schau zu bringen; 's wär zu toll,
Wenn mehr noch als vier Augen Zutritt fänden
Zu solchem Lustspiel! Was denn also? Wie?
Was soll ich tun? Wo Überzeugung finden?
Unmöglich ist es, dies mit anzusehn,
Und wären sie wie Geiß und Affen wild,
Hitzig wie brünstige Wölfe, plump und sinnlos
Wie trunkne Dummheit. Dennoch sag ich Euch,
Wenn Schuldverdacht und Gründe triftiger Art,
Die gradhin führen zu der Wahrheit Tor,
Euch Überzeugung schafften, solche hätt ich.

OTHELLO
Gib sprechende Beweise, daß sie falsch.

JAGO
Ich hasse dies Geschäft,
Doch weil ich hierin schon so weit gegangen,
Verlockt durch Lieb und dumme Redlichkeit,
So fahr ich fort. Ich schlief mit Cassio jüngst,
Und da ein arger Schmerz im Zahn mich quälte,
Konnt ich nicht ruhn.
Nun gibt es Menschen von so schlaffem Geist,
Daß sie im Traum ausschwatzen, was sie tun,
Und Cassio ist der Art.
Im Schlafe sprach er: Süße Desdemona!
Sei achtsam, unsre Liebe halt geheim! -
Und dann ergriff und drückt' er meine Hand,
Rief: Süßes Kind! - und küßte mich mit Inbrunst,
Als wollt er Küsse mit der Wurzel reißen
Aus meinen Lippen, legte dann das Bein
Auf meines, seufzt' und küßte mich und rief:
Verwünschtes Los, das dich dem Mohren gab!

OTHELLO
O greulich, greulich!

JAGO
Nun, dies war nur Traum.

OTHELLO
Doch er bewies vorhergegangne Tat.
Ein schlimm Bedenken ists, sei's auch nur Traum,

JAGO
Und dient vielleicht zur Stütze andrer Proben,
Die schwach beweisen.

OTHELLO
In Stücke reiß ich sie!

JAGO
Nein, mäßigt Euch! Noch sehn wir nichts getan,
Noch kann sie schuldlos sein. Doch sagt dies eine,
Saht Ihr nie sonst in Eures Weibes Hand
Ein feines Tuch, mit Erdbeern bunt gestickt?

OTHELLO
So eines gab ich ihr, mein erst Geschenk.

JAGO
Das wußt ich nicht. Allein mit solchem Tuch
- Gewiß war es das ihre - sah ich heut
Cassio den Bart sich wischen.

OTHELLO
Wär es das -

JAGO
Das oder sonst eins; kams von ihr, so zeugt
Es gegen sie nebst jenen andern Zeichen.

OTHELLO
O daß der Sklav zehntausend Leben hätte!
Eins ist zu arm, zu schwach für meine Rache!
Nun seh ich, es ist wahr. Blick her, o Jago,
So blas ich meine Lieb in alle Winde:
Hin ist sie. -
Auf, schwarze Rach, aus deiner tiefen Höhle!
Gib Liebe, deine Kron und Herzensmacht
Tyrannischem Haß! Dich sprenge deine Last,
O Busen, angefüllt mit Natterzungen!

JAGO
Ich bitt Euch, ruhig!

OTHELLO

Blut, o Jago, Blut!

JAGO

Geduld, vielleicht noch ändert Ihr den Sinn.

OTHELLO

Nie, Jago, nie! So wie des Pontus Meer,
Des eisiger Strom und fortgewälzte Flut
Nie rückwärts ebben mag, nein, unaufhaltsam
In die Propontis und den Hellespont rollt,
So soll mein blutiger Sinn im Gang der Wut
Nie umschaun noch zur sanften Liebe ebben,
Bis eine vollgenügend weite Rache
Ihn ganz verschlang.

Nun, beim kristallnen Äther,
Mit schuldiger Ehrfurcht vor dem heilgen Eid,
Kniet.
Verpfänd ich hier mein Wort.

JAGO

Steht noch nicht auf! -

Kniet.
Bezeugts, ihr ewig glühnden Lichter dort,
Ihr Elemente, die ihr uns umschließt!
Bezeugt, daß Jago hier sich weiht mit allem,
Was sein Verstand, was Herz und Hand vermag,
Othellos Schmach zu ahnden! Er gebiete,
Und zu gehorchen sei mir Liebespflicht,
Wie blutig auch die Tat.

OTHELLO

Ich grüß die Liebe

Dir nicht mit eitlem Dank: mit freudigem Ja,
Und augenblicklich führ ich dich ans Werk:
Laß in drei Tagen mich von dir vernehmen,
Daß Cassio nicht mehr lebt.

JAGO
Mein Freund ist tot; Ihr wollts, es ist geschehn.
Sie aber schont!

OTHELLO
Verdammt, verdammt sei sie, die arge Dirne!
Komm, folge heimlich mir, ich will im stillen
Mir schnelle Mittel scharfen für den Tod
Des schönen Teufels. - Nun bist du mein Leutnant.

JAGO
Ich bin auf ewig Euer.
Sie gehen ab.

VIERTE SZENE

Zypern. Vor dem Schloß.

Desdemona, Emilia, der Narr.

DESDEMONA
He! Weißt du, in welcher Gegend Leutnant Cassio liegt?

NARR
Ich möchte nicht sagen, daß er irgendwo lüge.

DESDEMONA
Warum?

NARR
Er ist ein Soldat, und wollt ich sagen, daß ein Soldat lüge, das ginge an Hals und Kragen.

DESDEMONA
Nicht doch, wo wohnt er?

NARR
Euch sagen, wo er wohnt, hieße Euch sagen, wo ich lüge.

DESDEMONA
Ist daraus wohl klug zu werden?

NARR
Ich weiß nicht, wo er wohnt, und sollt ich eine Wohnung aus der Luft greifen und sagen, er liegt hier oder liegt da, das hieße in meinen Hals hineinlügen.

DESDEMONA
Kannst du ihn wohl erfragen und dich durch Auskunft belehren lassen?

NARR
Ich will die Welt hindurch katechisieren, das heißt, Fragen stellen und sie antworten lassen.

DESDEMONA
Suche ihn auf und schicke ihn her; sage ihm, ich habe meinen Gemahl für ihn gestimmt, und ich hoffe, alles werde noch gut.

NARR
Dies auszurichten reicht nicht über das Vermögen des menschlichen Geistes, und darum will ich das Abenteuer bestehen.
Ab.

DESDEMONA
Wo hab ich nur das Tuch verlegt, Emilia?

EMILIA
Ich weiß nicht, gnädige Frau.

DESDEMONA
Glaub mir, viel lieber mißt' ich meine Börse,
Voll von Crusados. Wär mein edler Mohr
Nicht großgesinnt und frei vom niedern Stoff
Der Eifersucht, dies könnt auf schlimme Meinung
Ihn führen.

EMILIA
Weiß er nichts von Eifersucht?

DESDEMONA
Wer? Er? - Die Sonn in seinem Lande, glaub ich,
Sog alle solche Dünst ihm aus.

EMILIA
Da kommt er.

DESDEMONA
Ich will ihn jetzt nicht lassen, bis er Cassio
Zurückberief -
Othello tritt auf.
Wie geht dirs, mein Othello?

OTHELLO
Wohl, teure Frau!
Beiseit.
O Qual, sich zu verstellen! -
Laut.
Wie geht dirs, Desdemona?

DESDEMONA
Gut, mein Teurer.

OTHELLO
Gib mir die Hand! - Frau, diese Hand ist feucht.

DESDEMONA
Sie fühlte noch kein Alter, kennt nicht Gram.

OTHELLO
Dies deutet Überschwang, freigebiges Herz -
Heiß, heiß, und feucht! Solch einer Hand geziemt
Abtötung von der Welt, Gebet und Fasten,
Viel Selbstkasteiung, Andacht, fromm geübt,
Denn jung und brennend wohnt ein Teufel hier,
Der leicht sich auflehnt, 's ist 'ne milde Hand,
Die gern verschenkt.

DESDEMONA
Du kannst sie wohl so nennen,
Denn diese Hand wars, die mein Herz dir gab.

OTHELLO
Eine offne Hand! Sonst gab das Herz die Hand,
Die neue Wappenkunst ist Hand, nicht Herz.

DESDEMONA
Davon versteh ich nichts. - Nun, dein Versprechen!

OTHELLO
Welch ein Versprechen, Kind?

DESDEMONA
Ich ließ den Cassio rufen, dich zu sprechen.

OTHELLO
Mich plagt ein widerwärtiger, böser Schnupfen,
Leih mir dein Taschentuch.

DESDEMONA
Hier, mein Gemahl.

OTHELLO
Das, welches ich dir gab.

DESDEMONA
Ich habs nicht bei mir.

OTHELLO
Nicht?

DESDEMONA
Wirklich nicht, mein Teurer.

OTHELLO
Das muß ich tadeln. Dieses Tuch
Gab meiner Mutter ein Zigeunerweib;
'ne Zaubrin wars, die in den Herzen las.
So lange sie's bewahrte, sprach das Weib,
Würd es ihr Reiz verleihn und meinen Vater
An ihre Liebe fesseln, doch verlöre
Oder verschenkte sie's, satt würde dann
Sein Blick sie scheun, sein lüstern Auge spähn
Nach neuem Reiz. Sie, sterbend, gab es mir
Und hieß mirs, wenn mein Schicksal mich vermählte,
Der Gattin geben. Dies geschah; nun hüt es
Mit zarter Liebe, gleich dem Augenstern!
Verlörst du's oder gäbst es fort, es wäre
Ein Unheil ohne Maß.

DESDEMONA
Wie, ist es möglich?

OTHELLO
Jawohl; in dem Gewebe steckt Magie;
Eine Sibylle, die den Sonnenlauf
Zweihundertmal die Bahn vollenden sah,
Hat in prophetischem Wahnsinn es gewebt,
Geweihte Würmer spannen ihre Seide,
Sie färbts in Mumiensaft, den sie mit Kunst
Aus Jungfraunherzen zog.

DESDEMONA
Wirklich? Ists wahr?

OTHELLO
Höchst zuverlässig; drum bewahr es wohl!

DESDEMONA
Dann wollte Gott, ich hätt es nie gesehn.

OTHELLO
Ha! Und weshalb?

DESDEMONA
Was sprichst du so auffahrend und so schnell?

OTHELLO
Ists fort? Verloren? Sprich! Ists nicht vorhanden?

DESDEMONA
Gott helf mir!

OTHELLO
Nun?

DESDEMONA
's ist nicht verloren, wenns nun aber wäre?

OTHELLO
Ha! -

DESDEMONA
Ich sag, es ist noch da.

OTHELLO
Hols, zeigs mir!

DESDEMONA
Das könnt ich, Herr, allein ich will es nicht.
Mit solchem Kunstgriff weichst du mir nicht aus;
Ich bitt dich, nimm den Cassio wieder an!

OTHELLO
So hole mir das Tuch; ich ahne Schlimmes.

DESDEMONA
Sei gut;
Du findst nicht wieder solchen tüchtgen Mann.

OTHELLO
Das Tuch!

DESDEMONA
Ich bitte, sprich von Cassio.

OTHELLO
Das Tuch!

DESDEMONA
Er ist ein Mann, der all sein Glück

Von je auf deine Freundschaft hat gebaut,
Gefahrn mit dir geteilt -

OTHELLO
Das Tuch!

DESDEMONA
Fürwahr, du tust nicht recht!

OTHELLO
Hinweg!
Ab.

EMILIA
Ist der nicht eifersüchtig?

DESDEMONA
So sah ich ihn noch nie!
Gewiß, ein Zauber steckt in jenem Tuch;
Ein wahres Unglück, daß ich es verlor!

EMILIA
Man lernt den Mann nicht aus in einem Jahr;
Sie alle sind nur Magen, wir nur Kost;
Sie schlingen uns hinab, und sind sie satt,
Spein sie uns aus. - Seht: Cassio und mein Mann.
Jago und Cassio treten auf.

JAGO
Da ist kein andrer Weg, sie muß es tun;
Und sieh, wie glücklich! Geh, bestürme sie!

DESDEMONA
Nun, lieber Cassio, sagt, wie geht es Euch?

CASSIO
Mein alt Gesuch. Ich bitt Euch, gnädige Frau,
Laßt mich durch Euer kräftig Fürwort wieder
Erstehn und teil an seiner Freundschaft finden,
Die ich mit ganzer Liebe meines Herzens
Treulich verehre! Mög sichs nicht verzögern!
Ist mein Vergehn so tödlich schwerer Art,
Daß weder voriger Dienst noch jetzige Reu,
Noch Vorsatz, künftig edlen Dienst zu tun,
Mir seine Neigung wieder kann gewinnen,
So wird mirs Wohltat sein, es nur zu wissen;
Dann borg ich mir erzwungne Freudigkeit,
Und such auf einer neuen Lebensbahn
Des Glücks Almosen.

DESDEMONA
Ach, mein edler Cassio,
Diesmal ist meine Anwaltschaft umsonst;
Mein Herr ist nicht mein Herr; ich kennt ihn nicht,
Wär er im Antlitz wie im Geist verwandelt.
So mag mir jeder fromme Engel helfen,
Wie ich für Euch nach besten Kräften sprach;
Und selbst auf seinen Zorn hab ichs gewagt,
Durch dreistes Wort! Ihr müßt Euch noch gedulden:
Was ich vermag, das tu ich; tu noch mehr,
Als ich für mich je wagte. Dies genüg Euch!

JAGO
Ist er erzürnt?

EMILIA
Er ging nur eben fort,
Und wirklich ungewöhnlich aufgeregt.

JAGO
Kann er in Zorn sein? Die Kanone sah ich
Ihm seine Schlachtreihn sprengen in die Luft,
Und wie ein Teufel ihm den eignen Bruder
Von seiner Seite raffen - er im Zorn? -
Dann muß es Großes sein. Ich geh und such ihn.
Gewiß, das hat was auf sich, wenn er zürnt.

DESDEMONA
Ich bitt dich, tu's! -
Jago ab.
Vielleicht ein Staatsgeschäft
- Sei's von Venedig, sei's geheime Bosheit,
Der er in Zypern auf die Spur geraten -
Trübt seinen heitern Geist; in solchem Fall
Zanken die Männer leicht um kleinre Dinge,
Sind größre auch der Grund. So ist es immer,
Denn, schmerzt uns nur der Finger, haben auch
Die übrigen gesunden Glieder etwas
Von Wehgefühl. Nein, Männer sind nicht Götter;
Wir müssen nicht des Bräutigams zarte Rücksicht
Von ihnen fordern. Schilt mich nur, Emilie;
Ich dachte seiner Rauheit schon den Stab
Zu brechen; sieh, so kindisch war mein Kriegsrecht;
Den Zeugen, find ich nun, bestach ich selbst,
Und er ist falsch verklagt.

EMILIA
Gott geb, es sein Staatssachen, wie Ihr glaubt,
Und nicht ein Wahn noch eifersüchtge Grille,
Die Euch betrifft.

DESDEMONA
O liebe Zeit! Ich gab ihm niemals Anlaß.

EMILIA
Das ist den Eifersüchtigen einerlei.
Sie sind nicht stets aus Anlaß eifersüchtig,
Sie eifern, weil sie eifern; 's ist ein Scheusal,
Erzeugt von selbst, geboren aus sich selbst.

DESDEMONA
Gott schütz Othello vor dem Scheusal!

EMILIA
Amen.

DESDEMONA
Ich will ihn suchen. Cassio, bleibt hier nah;
Ist er gestimmt, betreib ich Eure Bitte,
Und will es bis zum Äußersten versuchen.

CASSIO
Ich dank in Demut, gnädige Frau!
Desdemona und Emilia ab. Bianca tritt auf.

BIANCA
Gott grüß dich, Cassio!

CASSIO
Wie kommst du hieher?
Was treibst du, meine allerschönste Bianca?
Just wollt ich zu dir kommen, liebes Herz.

BIANCA
Und ich war eben unterwegs zu dir.
Was? Eine Woche konntst du fern mir bleiben?
Sieben Tag und Nächte? - Achtmal zwanzig Stunden,

Und acht noch? Stunden ohne den Geliebten,
Langweiliger als der Zeiger, hundertmal?
O lästige Rechnung!

CASSIO

Zürne nicht, mein Kind;
Mich drückte schwere Sorge all die Tage;
Doch werd ich dir zu ungestörter Zeit
Die lange Rechnung tilgen. Liebste Bianca,
er gibt ihr Desdemonas Tuch,
Zeichne dies Muster ab!

BIANCA

Ei, woher kam dies?
Das ist ein Pfand von einer neuen Freundin.
Dein Wegsein schmerzte, doch der Grund noch mehr:
Kam es so weit? Nun gut, schon gut!

CASSIO

Geh, Mädchen,
Wirf den Verdacht dem Teufel ins Gesicht,
Von dem er kam. Nun, bist du eifersüchtig,
Dies sei von einer Liebsten mir geschenkt?
Nein, glaub mirs, Bianca!

BIANCA

Nun, woher kams?

CASSIO

Ich weiß nicht, Kind, ich fands auf meinem Zimmer.
Die Stickerei gefällt mir: eh mans fordert
- Was bald geschehn kann -, wünscht ichs nachgezeichnet.
Da nimms und tu's, und laß mich jetzt allein!

BIANCA
Allein dich lassen? Und warum?

CASSIO
Ich muß hier warten auf den General,
Und nicht empfehlend wär mirs, noch erwünscht,
Fänd er mich so begleitet.

BIANCA
Und warum nicht?

CASSIO
Nicht, daß ich dich nicht liebte!

BIANCA
Nur, daß du mich nicht liebst!
Ich bitt dich, bring mich etwas auf den Weg,
Und sag mir, kommst du wohl heut abend zeitig?

CASSIO
Ich kann ein kurzes Stück nur mit dir gehn,
Weil ich hier warte; doch ich seh dich bald.

BIANCA
Schon gut; man muß sich fügen in die Zeit.
Sie gehen ab.

VIERTER AKT

ERSTE SZENE

Zypern. Vor dem Schloß.

Othello und Jago.

JAGO
Wie dünkt Euch das?

OTHELLO
Was soll mich dünken?

JAGO
Was,
Sich heimlich küssen?

OTHELLO
Ein verbotner Kuß!

JAGO
Oder nackt im Bett mit ihrem Freunde sein,
Wohl stundenlang und mehr, in aller Unschuld?

OTHELLO
Im Bette, Jago, und in aller Unschuld?
Das hieße Heuchelei ja mit dem Teufel!
Wer keusch sein will und solches tut, des Tugend
Versucht der Teufel, und er selbst den Himmel.

JAGO
Wenn sie nichts taten, war der Fehl nicht groß;
Doch, wenn ich meiner Frau ein Tuch verehrt -

OTHELLO
Nun dann?

JAGO
Nun, dann gehörts ihr, gnädger Herr, und folglich
Darf sie's verschenken, mein ich, wem sie will.

OTHELLO
Sie ist Gebieterin auch ihrer Ehre;
Darf sie die auch verschenken?

JAGO
Die Ehr ist nur ein unsichtbares Wesen,
Und oft besitzt sie der, der sie nicht hat;
Allein das Tuch -

OTHELLO
Bei Gott, mit Freuden hätt ich das vergessen!
Du sagtest - o es schwebt um mein Gedächtnis,
So wie der Rab um ein verpestet Haus,
Verderben droh'nd -, er habe jenes Tuch.

JAGO
Nun was denn?

OTHELLO
Das ist doch nicht gut, gewiß!

JAGO
Sagt ich noch gar, ich sah ihn Euch beschimpfen,
Oder hört ihn sagen - wie's denn Schurken gibt,
Die, wenn sie durch ihr ungestümes Werben
Oder durch frei Vergaffen eines Weibes
Sie zwangen oder kirrten, nimmer ruhn,
Bis sie geschwatzt -

OTHELLO
Hat er so was gesagt?

JAGO
Das hat er, gnädiger Herr! Doch seid versichert,
Nicht mehr, als er abschwören wird.

OTHELLO
Was sagt' er?

JAGO
Daß er bei ihr - ich weiß nicht, wie er sagte -

OTHELLO
Was, was?

JAGO
Gelegen -

OTHELLO
Bei ihr?

JAGO
Bei ihr, auf ihr, wie Ihr wollt.

OTHELLO
Bei ihr gelegen, auf ihr! - Bei ihr gelegen, das ist Unzucht! Das Tuch - diese Geständnisse - das Tuch! Eingestehn und dann für die Mühe gehängt werden; zuerst gehängt, dann eingestehn. - Ich zittre davor! - Natur würde sich nicht in so verfinsternde Qual hüllen, wäre es nicht Vorbedeutung. Nicht Worte, die mich so erschüttern! - Hu! Nasen, Ohren und Lippen. Ist es möglich? Eingestehn - Tuch! O Teufel! -
Er fällt in Ohnmacht.

JAGO
Wirk fort,
Mein Gift, wirk fort! So fängt man gläubige Narren!
Manch wackre, keusche Frau kommt grade so

Ganz schuldlos ins Geschrei. - Auf, gnädiger Herr!
Othello! Gnädiger Herr! -
Cassio tritt auf.
Was wollt Ihr, Cassio?

CASSIO

Was gibts?

JAGO
Der Feldherr stürzte jetzt in Krämpfen hin;
Dies ist seit gestern schon sein zweiter Anfall.

CASSIO
So reib ihn um die Schläfe!

JAGO
Nein, laß ab,
Laß ihn in seiner Starrsucht ungestört,
Sonst schäumt es ihm vorm Mund und rast er bald
In wilder Tobsucht. Sieh, er rührt sich wieder;
Entferne dich auf einen Augenblick,
Er wird sich schnell erholen; wenn er fort ist,
Hätt ich mit dir ein wichtig Wort zu reden. -
Cassio ab.
Wie ist Euch? Habt Ihr nicht den Kopf verletzt?

OTHELLO
Sprichst du mir Hohn?

JAGO
Euch höhnen? Nein, bei Gott!
Ich wollt. Ihr trügt Euer Schicksal wie ein Mann.

OTHELLO
Gehörnter Mann ist nur ein Vieh, ein Untier.

JAGO
So gibt es manches Vieh in großen Städten
Und manch vornehmes Untier.

OTHELLO
Gestand ers ein?

JAGO
Mein Feldherr, seid ein Mann!
Denkt, jeder bärtge Mensch ins Joch gespannt,
Zieht neben Euch. Millionen leben rings,
Die nächtlich ruhn auf preisgegebnem Lager,
Das sie ihr eigen wähnen. Ihr steht besser.
O das ist Satansfest, Erzspaß der Hölle,
Ein unkeusch Weib im sichern Ehbett küssen
Und keusch sie glauben! Nein, Gewißheit will ich:
Und weiß ich, was ich bin, weiß ich, was aus ihr wird.

OTHELLO
Oh, du bist klug; 's ist sicher.

JAGO
Geht zur Seite
Für kurze Zeit und haltet Euch geduldig.
Indes Ihr ganz von Eurem Gram vernichtet
- Ein Ausbruch, wenig ziemend solchem Mann -,
Kam Cassio her; ich wußt ihn wegzuschaffen
Und Euren Anfall triftig zu entschuldigen;
Dann lud ich ihn zurück auf ein Gespräch,
Was er verhieß. Nun bergt Euch irgendwo
Und merkt den Hohn, den Spott, die Schadenfreude
In jeder Miene seines Angesichts,
Denn beichten soll er mir aufs neu den Hergang,
Wo, wann, wie oft, wie lange schon und wie

Er Euer Weib geherzt und herzen wird.
Merkt, sag ich, sein Gebärdenspiel! O still doch!
Sonst denk ich. Ihr seid ganz und gar nur Wut
Und nichts von einem Manne.

OTHELLO

Hörst du's, Jago?
Ich will höchst schlau jetzt den Geduldigen spielen;
Doch - hörst du's? - dann den Blutigen.

JAGO

So ists recht,
Jedes zu seiner Zeit. Nun geht beiseite!
Othello tritt beiseite.
Jetzt will ich Cassio nach Bianca fragen,
Ein gutes Ding, das, ihre Gunst verkaufend,
Sich Brot und Kleider anschafft. Dies Geschöpf
Läuft Cassio nach, und 's ist der Dirnen Fluch,
Nachdem sie zehn getäuscht, täuscht einer sie.
Er, wenn er von ihr hört, erwehrt sich nicht
Laut aufzulachen. Sieh, da kommt er her.
Und wie er lächelt, soll Othello wüten,
Und seine unerfahrne Eifersucht
Wird Cassios Lächeln, Scherz und leichtes Wesen
Ganz mißverstehn. -
Cassio kommt zurück.
Leutnant, wie gehts Euch jetzt?

CASSIO
So schlimmer, weil du mir den Titel gibst,
Dessen Verlust mich tötet.

JAGO
Nutz Desdemona gut, so kanns nicht fehlen.

Leiser.
Ja, läge dies Gesuch in Biancas Macht,
Wie schnell wärst du am Ziel!

CASSIO

Das arme Ding!

OTHELLO
beiseit.
Seht nur, wie er schon lacht!

JAGO
Nie hab ich so verliebt ein Weib gesehn.

CASSIO
Das gute Närrchen! Ja, sie liebt mich wirklich.

OTHELLO
beiseit.
Jetzt leugnet ers nur schwach und lacht es weg!

JAGO
Hör einmal, Cassio -

OTHELLO
beiseit.
Jetzt bestürmt er ihn,
Es zu gestehn; nur fort, recht gut, recht gut!

JAGO
Sie rühmt sich schon, du nimmst sie bald zur Frau;
Ist das dein Ernst?

CASSIO
Ha, ha, ha, ha!

OTHELLO
beiseit.
Triumphierst du, Römer? Triumphierst du schon?

CASSIO
Ich sie zur Frau nehmen? - Was! Eine Buhlschwester? Ich bitt dich, habe doch etwas Mitleid mit meinem Witz; halt ihn doch nicht für so ganz ungesund. Ha, ha, ha!

OTHELLO
beiseit.
So, so, so; wer gewinnt, der lacht.

JAGO
Wahrhaftig, die Rede geht, du würdest sie heiraten.

CASSIO
Nein, sag mir die Wahrheit!

JAGO
Ich will ein Schelm sein!

OTHELLO
beiseit.
Ich trage also dein Brandmal? Gut!

CASSIO
Das hat der Affe selbst unter die Leute gebracht. Aus Eitelkeit hat sie sichs in den Kopf gesetzt, ich werde sie heiraten; nicht weil ichs versprochen habe.

OTHELLO
beiseit.
Jago winkt mir, nun fängt er die Geschichte an.

CASSIO
Eben war sie hier; sie verfolgt mich überall. Neulich stand ich am Strande und sprach mit einigen Venezianern, da kommt wahrhaftig der Grasaffe hin und, so wahr ich lebe, fällt mir so um den Hals.

OTHELLO
beiseit.
Und ruft: O lieber Cassio! oder etwas Ähnliches; denn das deutet seine Gebärde.

CASSIO
Und hängt, und küßt, und weint an mir, und zerrt und zupft mich. Ha, ha, ha!

OTHELLO
beiseit.
Jetzt erzählt er, wie sie ihn in meine Kammer zog! Oh, ich sehe deine Nase, aber noch nicht den Hund, dem ich sie vorwerfen will.

CASSIO
Nun, ich muß sie aufgeben.

JAGO
Bewahr mich! Sieh, da kommt sie.

CASSIO
Das ist so eine Art Iltis, ja, aber parfümiert. -
Bianca tritt auf.
Was willst du nur, daß du mir so nachläufst?

BIANCA
Mag der Teufel und seine Großmutter dir nachlaufen! Was hast du mit dem Taschentuch vor, das du mir jetzt eben gabst? Ich war eine rechte Närrin, daß ichs nahm. Ich soll die ganze Arbeit abzeichnen? Recht wahrscheinlich, daß du's in deinem Zimmer sollst gefunden

haben und nicht wissen, wers da ließ. 's ist das Geschenk irgendeines Schätzchens, und ich soll die Arbeit abzeichnen? Da, gibs deinem Steckenpferde! Woher du's auch hast, ich werde die Stickerei nicht abzeichnen.

CASSIO
Still doch, nieine süße Bianca, still doch, still!

OTHELLO
beiseit.
Beim Himmel, ist das nicht mein Taschentuch?

BIANCA
Willst du heut abend zum Essen kommen, so tu's, willst du nicht, so komm ein andermal, wenn dir es paßt.
Ab.

JAGO
Geh ihr nach, geh ihr nach!

CASSIO
Das muß ich wohl, sonst zankt sie noch auf der Straße.

JAGO
Willst du zu Abend bei ihr essen?

CASSIO
Ich denke ja!

JAGO
Vielleicht treff ich dich dort, denn ich hätte in der Tat notwendig mit dir zu reden.

CASSIO
Bitt dich, komm! Willst du?

JAGO
Gut, nichts mehr.
Cassio ab.

OTHELLO
hervortretend.
Wie mord ich ihn, Jago?

JAGO
Bemerktet Ihr, wie er zu seiner Schandtat lachte?

OTHELLO
O Jago!

JAGO
Und saht Ihr das Tuch?

OTHELLO
Wars meines?

JAGO
Eures, bei dieser Hand; und seht nur, wie er das törichte Weib, Eure Gattin, achtet! Sie schenkt es ihm, und er schenkt es seiner Dirne.

OTHELLO
O daß ich neun Jahre an ihm morden könnte! - Ein hübsches Weib, ein schönes Weib, ein süßes Weib!

JAGO
Das müßt Ihr jetzt vergessen.

OTHELLO
Mag sie verfaulen und verderben und zur Hölle fahren heute nacht; denn sie soll nicht leben. Nein, mein Herz ist zu Stein geworden; ich schlage daran, und die Hand schmerzt mich. O die Welt besitzt kein

süßeres Geschöpf; sie hätte an eines Kaisers Seite ruhen und ihm Sklavendienste gebieten können.

JAGO
Nein, daran müßt Ihr nicht denken.

OTHELLO
Sei sie verdammt! Ich sage nur, was sie ist: So geschickt mit ihrer Nadel! Eine bewundernswerte Tonkünstlerin! Oh, sie würde die Wildheit eines Bären zahm singen! Von so feinem herrlichem Witz, so geistreich!

JAGO
Und deshalb so schlimmer!

OTHELLO
O tausend-, tausendmal! - Und dann von so holder Gefälligkeit!

JAGO
Freilich zu gefällig!

OTHELLO
Ja, ganz gewiß; aber, wie schade dennoch, Jago! O Jago, wie schade, Jago!

JAGO
Wenn Ihr verliebt in ihre Sünden seid, so gebt ihr einen Freibrief zu freveln; denn wenns Euch nicht rührt, geht es keinen etwas an.

OTHELLO
Ich will sie in Stücke hacken. Mir Hörner aufsetzen!

JAGO
O es ist schändlich von ihr.

OTHELLO
Mit meinem Leutnant!

JAGO
Das ist noch schändlicher.

OTHELLO
Schaff mir Gift, Jago, diese Nacht! Ich will sie nicht zur Rede stellen, damit ihre Gestalt und Schönheit meinen Zorn nicht wieder entwaffnen. - Diese Nacht, Jago!

JAGO
Tut es nicht mit Gift; erdrosselt sie in ihrem Bett, demselben Bett, das sie entehrt hat!

OTHELLO
Gut! Die Gerechtigkeit darin gefällt mir; sehr gut!

JAGO
Und Cassio - diesen übernehm ich selbst,
Um Mitternacht erfahrt Ihr mehr.

OTHELLO
Vortrefflich! -
Eine Trompete hinter der Szene.
Horch, was meldet die Trompete?

JAGO
Nachricht wohl von Venedig, 's ist Lodovico,
Gesandt vom Herzog; mit ihm kommt Eur Weib.
Lodovico, Desdemona und Gefolge treten auf.

LODOVICO
Heil, würdiger General!

OTHELLO

Willkommen, Herr!

LODOVICO

Euch grüßt Venedigs Herzog und Senat.

Er übergibt ihm einen Brief.

OTHELLO

Ich küsse seines Willens Dokument.

Er öffnet den Brief und liest.

DESDEMONA

Was bringt Ihr Neues, Vetter Lodovico?

JAGO

Es freut mich höchlich, Euch zu sehn, Signor!
Willkommen hier in Zypern!

LODOVICO

Ich dank Euch. Was macht Leutnant Cassio, Herr?

JAGO

Er lebt, Signor.

DESDEMONA

Mein Vetter, er ist schlimm mit meinem Gatten
Zerfallen; doch Ihr werdet sie versöhnen.

OTHELLO

Seid Ihr des so gewiß?

DESDEMONA

Wie, Herr?

OTHELLO
liest.
Dies zu vollbringen säumt nicht, wenn Ihr wollt...

LODOVICO
Er rief dich nicht; der Brief beschäftigt ihn.
Ist Feindschaft zwischen deinem Herrn und Cassio?

DESDEMONA
Ja, recht unglücklich. Ich gäb viel darum,
Sie auszusöhnen, denn ich liebe Cassio.

OTHELLO
Feuer und Schwefel!

DESDEMONA
Herr!

OTHELLO
Bist du bei Sinnen?

DESDEMONA
Wie? Zürnst du?

LODOVICO
's ist der Brief, der ihn bewegt;
Denn, wie ich glaube, ruft man ihn zurück,
Und Cassio wird statt seiner Gouverneur.

DESDEMONA
Fürwahr! Das freut mich.

OTHELLO
In der Tat?

DESDEMONA

Wie, Herr?

OTHELLO

Mich freuts, dich toll zu sehn.

DESDEMONA

O mein Othello!

OTHELLO

Teufel!

Schlägt sie.

DESDEMONA

Das hab ich nicht verdient.

LODOVICO

Herr General,
Das würde keiner in Venedig glauben,
Und schwür ich auch, ich sahs. Das geht zu weit.
Bittet ihrs ab, sie weint!

OTHELLO

O Teufel! Könnte
Die Erde sich von Weibertränen schwängern,
Aus jedem Tropfen wüchs ein Krokodil! -
Mir aus den Augen!

DESDEMONA

Ich geh. Euch nicht zu ärgern.

Will abgehn.

LODOVICO

In Wahrheit, ein gehorsam Weib!
Ich bitt Euch, gnädiger Herr, ruft sie zurück!

OTHELLO
Frau -

DESDEMONA
Mein Gemahl?

OTHELLO
Was wollt Ihr mit ihr, Herr?

LODOVICO
Wer? Ich, Herr?

OTHELLO
Ihr wünschtet ja, daß sie umkehren möchte.
Umkehren kann sie, und doch vorwärts gehn,
Und wieder drehn; und weinen kann sie, weinen;
Und ist gehorsam, wie Ihr sagt, gehorsam,
Ja, sehr gehorsam. Immerfort geweint!
Was dies betrifft - o recht geschickt im Heucheln! -
Ich bin zurückberufen. - Geh du fort;
Ich schicke gleich nach dir. - Herr, dem Befehl gehorch ich
Und kehre nach Venedig. - Fort! Hinaus! -
Desdemona geht ab.
Cassio bekommt mein Amt. Und Herr, heut abend
Ersuch ich Euch, mit mir zu Nacht zu speisen.
Willkommen hier in Zypern! - Ziegen und Affen!
Ab.

LODOVICO
Ist dies der edle Mohr, den der Senat
Sein ein und alles nennt? Der edle Geist,
Den Leidenschaft nicht regt? Des feste Tugend
Kein Pfeil des Zufalls, kein Geschoß des Glücks
Streift und durchbohrt?

JAGO

Er hat sich sehr geändert.

LODOVICO

Ist er nicht wohl? Hat sein Verstand gelitten?

JAGO

Er ist so wie er ist; ich darf nicht schelten.
Gott geb, er wäre, was er könnte sein;
Jetzt ist ers nicht.

LODOVICO

Was? Seine Frau zu schlagen!

JAGO

Gewiß, das war nicht fein; doch dieser Schlag,
Wünscht ich, wär nicht sein Ärgstes.

LODOVICO

Ist er oft so?
Sagt, oder hat der Brief sein Blut erhitzt,
Daß er sich heut nur so verging?

JAGO

Ach leider!
Nicht wärs gewissenhaft von mir, erzählt ich,
Was ich erfuhr und sah. Habt acht auf ihn,
Sein eigner Wandel wird ihn so bezeichnen,
Daß Ihr mein Wort entbehren könnt. Beachtet
Ihn nur, wenn Ihr mit ihm zusammen seid!

LODOVICO

Es schmerzt mich, daß ich mich in ihm getäuscht.
Sie gehn ab.

ZWEITE SZENE

Zypern. Ein Zimmer auf dem Schlosse

Othello und Emilia treten auf.

OTHELLO
So habt Ihr nichts gesehn?

EMILIA
Auch nie gehört, noch Argwohn je geschöpft.

OTHELLO
Ja, du sahst Cassio und sie beisammen.

EMILIA
Doch sah ich dann kein Unrecht, und dann hört ich
Jedwede Silbe, die gewechselt ward.

OTHELLO
Was, flüsterten sie nie?

EMILIA
Nein, gnädiger Herr!

OTHELLO
Und schickten nie dich fort?

EMILIA
Niemals.

OTHELLO
Um Fächer, Maske, Handschuh ihr zu holen?

EMILIA
Nein, gnädiger Herr!

OTHELLO

s' ist seltsam.

EMILIA

Ich wollt auf ihre Tugend meine Seele
Zum Pfande setzen; wenn Ihr anders denkt,
Gebt nicht dem Argwohn Raum, der Euch betört!
Wenn dies ein Schelm Euch in den Kopf gesetzt,
Dem lohns der Himmel mit dem Fluch der Schlange!
Denn ist nicht diese redlich, keusch und treu,
Ist kein Mann glücklich, ist die reinste Frau
Schwarz wie Verleumdung.

OTHELLO

Laß sie kommen; geh!
Emilia geht.
Sie sagt genug; doch jede Kupplerin
Erzählt dasselbe. Schlau ist diese Metze,
Ein heimlich Schloß und Riegel schnöder Sünden;
Doch kniet und betet sie; ich sah es selbst.
Emilia und Desdemona treten auf.

DESDEMONA

Was wollt Ihr, mein Gemahl?

OTHELLO

Komm, Täubchen, komm!

DESDEMONA

Was ist Euer Wunsch?

OTHELLO

Laß dir ins Auge sehn;
Schau ins Gesicht mir!

DESDEMONA

Welch ein grausiger Einfall!

OTHELLO

zu Emilia.

Nun deine Künste, Weibsbild!
Laß Buhler nun allein und schließ die Tür;
Hust oder rufe hem, wenn jemand kommt.
Dein Handwerk, an dein Handwerk! Mach dich fort!

Emilia geht ab.

DESDEMONA

Ich flehe knieend: sag mir, was du meinst!
Dein Wort versteh ich nicht, doch aus dem Wort
Tönt Raserei.

OTHELLO

Ha, was bist du?

DESDEMONA

Dein Weib, mein Gatte,
Dein pflichtgetreues Weib.

OTHELLO

Komm, schwörs, verdamm dich selbst, daß nicht die Teufel,
Geschreckt von deiner Engelbildung, zittern,
Dich zu ergreifen; drum verdamm dich doppelt,
Schwör, du seist treu!

DESDEMONA

Der Himmel weiß, ich bins.

OTHELLO

Der Himmel weiß, falsch bist du wie die Hölle!

DESDEMONA
Wem, mein Gemahl? Mit wem? Wie bin ich falsch?

OTHELLO
O Desdemona! Fort mit dir, fort, fort!

DESDEMONA
O Tag des Jammers! - Wehe, warum weinst du?
Bin ich, mein Gatte, Ursach dieser Tränen?
Hast du vielleicht den Vater in Verdacht,
Er sei das Werkzeug deiner Heimberufung,
Gib mir die Schuld nicht. Hast du ihn verloren,
Nun, ich verlor ihn auch.

OTHELLO
Gefiel es Gott,
Durch Trübsal mich zu prüfen, goß er Schmach
Und jede Kränkung auf mein nacktes Haupt,
Versenkt' in Armut mich bis an die Lippen,
Schlug samt der letzten Hoffnung mich in Fesseln,
Doch fänd ich wohl in einem Herzenswinkel
Ein Tröpfchen von Geduld. Doch mich zu machen
Zum festen Bilde für die Zeit des Hohns,
Mit langsam drehndem Finger drauf zu weisen!
[Oh! Oh!]
Und dies auch könnt ich tragen, sehr, sehr wohl;
Doch da, wo ich mein Herz als Schatz verwahrt,
Wo ich muß leben oder gar nicht leben,
Der Quell, aus dem mein Leben strömen muß,
Denn sonst versiegt er: - da vertrieben sein,
Oder ihn schaun als Sumpf für ekler Kröten
Begehn und Brüten - da verfinstre dich,
Geduld, du junger, rosenwangiger Cherub!
Ja, schau so grimmig als die Hölle!

DESDEMONA
Ich hoffe, mein Gemahl hält mich für treu.

OTHELLO
O ja, wie Sommerfliegen auf der Fleischbank,
Die im Entstehn schon buhlen. O du Unkraut,
So reizend lieblich und von Duft so süß,
Daß du den Sinn betäubst - o wärst du nie geboren!

DESDEMONA
Welch unbewußten Fehl konnt ich begehen?

OTHELLO
Dies reine Blatt, dies schöne Buch nur dazu,
Um Metze drauf zu schreiben? Was begehn!
Begehn? O du ganz freche Buhlerin!
Schmelzöfen müßt ich machen aus den Wangen,
Und meine Sittsamkeit zu Asche brennen,
Nennt ich nur deine Taten. Was begehn?
Dem Himmel ekelts und der Mond verbirgt sich,
Der Buhler Wind, der küßt, was ihm begegnet,
Versteckt sich in den Höhlungen der Erde
Und will nichts davon hören! Was begehn?
Schamlose Metze!

DESDEMONA
Bei Gott, Ihr tut mir Unrecht!

OTHELLO
Du keine Metze?

DESDEMONA
Nein, so wahr ich Christin!
Wenn meinem Herrn bewahren dies Gefäß

Vor jeder schnöden, sträflichen Berührung
Heißt keine Metze sein, so bin ich keine.

OTHELLO
Du keine Hure?

DESDEMONA
Nein, so helfe Gott mir!

OTHELLO
Ists möglich?

DESDEMONA
O Himmel, sei mir gnädig!

OTHELLO
Dann verzeiht mir!
Ich nahm Euch für die Dirne von Venedig,
Die den Othello freite.
Und du, Weib,
Die von Sankt Peter just das Gegenteil,
Der Hölle Pforten sperrt,
Emilia kommt zurück.
du, du, ja du!
Wir sind zu Ende; nimm, da ist dein Geld!
Nun schließ die Tür und halte reinen Mund!
Ab.

EMILIA
O Gott! Was hat doch unser Herr im Sinn?
Wie gehts Euch, teure Frau? Wie gehts Euch, Gnädge?

DESDEMONA
Mir ist, als träumt ich.

EMILIA
Sagt, werte Frau, was fehlt dem gnädgen Herrn?

DESDEMONA
Wem?

EMILIA
Meinem gnädigen Herrn.

DESDEMONA
Wer ist dein Herr?

EMILIA
Der auch der Eure, liebste, gnädige Frau.

DESDEMONA
Ich habe keinen. Sag mir nichts, Emilia!
Ich kann nicht weinen, hab auch keine Antwort,
Die nicht zu Wasser würde. Bitt dich, diese Nacht
Leg auf mein Bett mein Brauttuch - denke dran,
Und ruf mir deinen Mann!

EMILIA
Wie hat sichs hier geändert!
Ab.

DESDEMONA
's ist billig, daß es mir so geht, sehr billig!
Wie war ich nur, daß auch sein kleinster Argwohn
Mein mindestes Versehn mißdeuten konnte?
Jago und Emilia treten auf.

JAGO
Was wünscht Ihr, gnädige Frau, wie geht es Euch?

DESDEMONA
Ich weiß es nicht. Wer Kinder unterrichtet,
Gibt ihnen freundlich leichte Arbeit auf;
So konnt er mich ja schmälen, denn fürwahr,
Ich bin ein Kind fürs Schmälen.

JAGO
Was ist denn, gnädge Frau?

EMILIA
Ach Jago! Metze schimpfte sie der Herr.
Wie schändlich und verachtend er sie nannte,
Das trägt kein treues Herz.

DESDEMONA
Jago, bin ich das Wort?

JAGO
                    Welch Wort, Verehrte?

DESDEMONA
Das, wie sie sagt, mein Herr mir hat gegeben?

EMILIA
Er schalt sie Metze; nein, kein Bettler könnte
Im Rausch solch Wort von seiner Dirne brauchen.

JAGO
Warum denn das?

DESDEMONA
Ich weiß es nicht; gewiß, ich bin es nicht.

JAGO
O weint nicht, weint nur nicht; du liebe Zeit!

EMILIA
Wies sie so manchen edlen Antrag ab,
Verließ den Vater, Freunde, Vaterland,
Daß man sie Metze schimpft? Ists nicht zum Weinen?

DESDEMONA
Das ist mein trauriges Geschick.

JAGO
Weh ihm!
Wie kommt ihm solcher Einfall?

DESDEMONA
Weiß der Himmel!

EMILIA
Nein, hängt mich, wenn ein Erzverleumder nicht,
Irgendein schleichender, geschäftiger Schuft,
Ein glatter Schurk, um sich ein Amt zu fischen,
Die Lügen ausgedacht; ja, darauf sterb ich!

JAGO
Pfui, solchen Menschen gibts nicht; 's ist unmöglich.

DESDEMONA
Und gibt es einen, so vergeb ihm Gott!

EMILIA
Ein Strick vergeb ihm! Nag an ihm die Hölle!
Sie Metze schimpfen! Wer besucht sie je?
Wo? Wann? Und wie? Wo ist auch nur ein Schein?
Ein recht ausbündger Schurk belog den Mohren,
Ein niederträchtger Schurk, ein schäbiger Bube.
O Himmel, möchtst du solch Gezücht entlarven
Und jeder wackren Hand 'ne Geißel geben,

Den Schurken nackt durch alle Welt zu peitschen
Vom Ost zum fernen West!

JAGO

Schrei doch nicht so!

EMILIA

Pfui über ihn! Solch ein Geselle wars,
Der ehmals dir auch den Verstand verwirrte,
Mich mit dem Mohren in Verdacht zu haben!

JAGO

Du bist nicht klug, sei still!

DESDEMONA

O guter Jago!
Was soll ich tun, ihn wieder zu gewinnen?
Geh zu ihm, Freund, denn, bei der Sonne Licht,
Ich weiß nicht, wie ich ihn verlor. - Hier knie ich:
Wenn je mein Herz sich seiner Lieb empört,
In Worten, in Gedanken oder Tat,
Wenn je mein Aug, mein Ohr und sonst ein Sinn
An andrer Wohlgestalt Gefallen fand,
Wenn ich nicht jetzt ihn lieb, ihn stets geliebt,
Ihn immerdar - auch wenn er mich verstieße
Als Bettlerin - von Herzen lieben werde,
Dann, Trost, verlaß mich! - Kaltsinn bringt es weit;
Und rauben kann sein Kaltsinn mir das Leben,
Die Liebe mindern nicht. Ich kann nicht sagen: Metze -
Mir schaudert schon, da ich das Wort gesprochen;
Doch tun, was die Beschimpfung nach sich zieht -
Nicht um die ganze Eitelkeit der Welt!

JAGO

Ich bitte, faßt Euch, 's ist nur seine Laune.

Die Staatsgeschäfte machten ihm Verdruß;
Da zankt er nun mit Euch.

DESDEMONA

Wär es nur das -

JAGO

Glaubt mir, es ist nichts anders! -
Man hört Trompeten.
Horcht, die Trompete ruft zur Abendtafel,
Und die Gesandtschaft von Venedig wartet;
Geht hin und weint nicht, alles wird noch gut.
Desdemona und Emilia ab. Rodrigo tritt auf.
Was gibts, Rodrigo?

RODRIGO

Ich finde nicht, daß du es redlich mit mir meinst.

JAGO

Und was im Gegenteil?

RODRIGO

Jeden Tag fertigst du mich mit einer Ausrede ab, Jago, und hältst mich vielmehr, wie mirs vorkommt, von aller guten Gelegenheit fern, als daß du meiner Hoffnung den geringsten Vorteil verschaffst. Ich ertrage das wahrhaftig nicht länger, und du sollst mich nicht dazu bringen, ruhig einzustecken, was ich bisher, wie ein Tor, mir habe gefallen lassen.

JAGO

Wollt Ihr mich anhören, Rodrigo?

RODRIGO

Auf Ehre, ich habe schon zuviel gehört, denn Euer Versprechen und Tun halten nicht gleichen Schritt miteinander.

JAGO
Ihr beschuldigt mich höchst ungerecht!

RODRIGO
's ist lauter Wahrheit. Ich habe mein ganzes Vermögen zugesetzt. Die Juwelen, die Ihr von mir empfingt, um sie Desdemona einzuhändigen - die Hälfte hätte eine Nonne verführt. Ihr sagtet mir, sie habe sie angenommen, und gabt mir Hoffnung und Aussicht auf baldige Gunst und Erwiderung, aber dabei bleibts.

JAGO
Gut, nur weiter, recht gut!

RODRIGO
Recht gut, weiter! Ich kann nicht weiter, Mann, und hier ist nichts recht gut. Bei dieser Hand, ich sage, es ist spitzbübisch; und ich fange an zu merken, daß man mich foppt.

JAGO
Recht gut!

RODRIGO
Ich sage dir, es ist nicht recht gut. Ich will mich Desdemona selbst entdecken: gibt sie mir meine Juwelen wieder zurück, so laß ich ab von meiner Bewerbung und bereue mein unerlaubtes Zumuten, wo nicht, seid gewiß, daß ich Genugtuung von Euch fordern werde.

JAGO
Habt Ihr jetzt gesprochen?

RODRIGO
Ja, und habe nichts gesprochen, als was ich ernstlich zu tun gesonnen bin.

JAGO
Schön! Nun sehe ich doch, daß du Haare auf den Zähnen hast, und

seit diesem Moment fasse ich eine beßre Meinung von dir als je zuvor. Gib mir deine Hand, Rodrigo; du hast sehr gegründete Einwendungen gegen mich vorgebracht, und dennoch, schwöre ich dir, bin ich in deiner Sache sehr grade zu Werke gegangen.

RODRIGO
Das hat sich wenig gezeigt.

JAGO
Ich gebe zu, daß sichs nicht gezeigt hat, und dein Argwohn ist nicht ohne Verstand und Scharfsinn. Aber, Rodrigo, wenn das wirklich in dir steckt, was ich dir jetzt mehr zutraue als je - ich meine Willenskraft, Mut und Herz -, so zeig es diese Nacht! Wenn du in der nächsten Nacht nicht zu Desdemonas Besitz gelangst, so schaff mich hinterlistig aus der Welt und stelle meinem Leben Fallstricke.

RODRIGO
Gut, was ists? Liegts im Gebiet der Vernunft und der Möglichkeit?

JAGO
Freund, es ist ein ausdrücklicher Befehl von Venedig da, daß Cassio in Othellos Stelle treten soll.

RODRIGO
Ist das wahr? Nun, so gehen Othello und Desdemona nach Venedig zurück.

JAGO
O nein, er geht ins Mohrenland und nimmt die schöne Desdemona mit sich, wenn nicht sein Aufenthalt hier durch einen Zufall verlängert wird, und darin kann nichts so entscheidend sein, als wenn Cassio beiseite geschafft wird.

RODRIGO
Wie meinst du das - ihn beiseite schaffen?

JAGO
Nun, ihn für Othellos Amt untauglich machen, ihm das Gehirn ausschlagen.

RODRIGO
Und das, meinst du, soll ich tun?

JAGO
Ja, wenn du das Herz hast, dir Vorteil und Recht zu verschaffen. Er ist heute zum Abendessen bei einer Dirne, und dort will ich ihn treffen; noch weiß er nichts von seiner ehrenvollen Beförderung. Wenn du nun auf sein Weggehn lauern willst - und ich werde es einrichten, daß dies zwischen zwölf und eins geschieht -, so kannst du nach Belieben über ihn herfallen; ich will in der Nähe sein, um deinen Angriff zu unterstützen, und er soll zwischen uns beiden fallen. Komm, steh nicht so verwundert, sondern folge mir; ich will dich so von der Notwendigkeit seines Todes überzeugen, daß du's für Pflicht halten sollst, ihn aus der Welt zu schaffen. Es ist hohe Zeit zum Abendessen, und die Nacht geht hin. Frisch daran!

RODRIGO
Ich muß noch mehr Gründe hören.

JAGO
Das sollst du zur Genüge.
Sie gehen ab.

DRITTE SZENE

Zypern. Ein anderes Zimmer im Schlosse

Othello, Lodovico, Desdemona, Emilia und Gefolge treten auf.

LODOVICO
Ich bitt Euch, Herr, bemüht Euch nun nicht weiter!

OTHELLO
O nein, erlaubt, das Ausgehn tut mir wohl.

LODOVICO
Schlaft, Gnädige, wohl! Ich sag Euch meinen Dank.

DESDEMONA
Ihr wart uns sehr willkommen, Herr!

OTHELLO
Wollen wir gehn, Signor? - O Desdemona!

DESDEMONA
Mein Gemahl?

OTHELLO
Geh sogleich zu Bett, ich werde augenblicklich wieder da sein.
Entlaß deine Gesellschafterin; tu, wie ich dir sage!

DESDEMONA
Das werd ich, mein Gemahl.
Othello, Lodovico und Gefolge ab.

EMILIA
Wie gehts nun? Er scheint milder als zuvor.

DESDEMONA
Er sagt, er werde hier sein ungesäumt;
Er gab mir den Befehl, zu Bett zu gehen,
Und hieß mir, dich entlassen.

EMILIA
Mich entlassen?

DESDEMONA
Er will es so; darum, Emilia, gute,
Gib mir mein Nachtgewand und lebe wohl!
Wir dürfen jetzt ihn nicht erzürnen.

EMILIA
Hättet Ihr ihn doch nie gesehn!

DESDEMONA
Das wollt ich nicht; mein Herz hängt so an ihm,
Daß selbst sein Zorn, sein Trotz, sein Eigensinn -
Komm, steck mich los - mir lieb und reizend dünkt.

EMILIA
Die Tücher legt ich auf, wie Ihrs befahlt.

DESDEMONA
's ist alles eins. - Ach, was wir töricht sind! -
Sterb ich vor dir, so bitt dich, hülle mich
In eins von diesen Tüchern!

EMILIA
Geht, Ihr schwatzt!

DESDEMONA
Meine Mutter hatt ein Mädchen - Bärbel hieß sie -,
Die war verliebt, und treulos ward ihr Schatz
Und lief davon. Sie hatt ein Lied von Weide,
Ein altes Ding, doch paßt es für ihr Leid;
Sie starb, indem sie's sang. Das Lied heut nacht
Kommt mir nicht aus dem Sinn; ich hab zu schaffen,
Daß ich nicht auch den Kopf so häng und singe
Wie's arme Bärbel. - Bitt dich, mach geschwind!

EMILIA
Soll ich Eur Nachtkleid holen?

DESDEMONA
Nein, steck mich hier nur los. -
Der Lodovico ist ein feiner Mann.

EMILIA
Ein recht hübscher Mann.

DESDEMONA
Er spricht gut.

EMILIA
Ich weiß eine Dame in Venedig, die wäre barfuß nach Palästina gegangen um einen Druck von seiner Unterlippe.

DESDEMONA
singt.
  Das Mägdlein saß singend am Feigenbaum früh,
  Singt Weide, grüne Weide!
  Die Hand auf dem Busen, das Haupt auf dem Knie,
  Singt Weide, Weide, Weide!
  Das Bächlein, es murmelt und stimmet mit ein;
  Singt Weide, grüne Weide!
  Heiß rollt ihr die Trän und erweicht das Gestein;
Leg dies beiseite!
Singt.
  Singt Weide, Weide, Weide!
Bitt dich, mach schnell, er kommt gleich!
Singt.
  Von Weiden all flecht ich mir nun den Kranz.
  O scheltet ihn nicht, sein Zorn ist mir recht -
Nein, das kommt später. - Horch, wer klopft da?

EMILIA
Es ist der Wind.

DESDEMONA
singt.
Ich nannt ihn: du Falscher! Was sagt' er dazu?
Singt Weide, grüne Weide!
Seh ich nach den Mädeln, nach den Buben siehst du.
So geh nun fort; gute Nacht! Mein Auge juckt,
Bedeutet das wohl Tränen?

EMILIA
Ei, mitnichten!

DESDEMONA
Ich hört es so. - Die Männer, o die Männer! -
Glaubst du, auf dein Gewissen sprich, Emilia,
Daß wirklich Weiber sind, die ihre Männer
So gröblich täuschen?

EMILIA
Solche gibts, kein Zweifel.

DESDEMONA
Tätst du dergleichen um die ganze Welt?

EMILIA
Nun, tätet Ihrs nicht?

DESDEMONA
Nein, beim Licht des Himmels!

EMILIA
Ich tät es auch nicht bei des Himmels Licht,
Ich könnt es ja im Dunkeln.

DESDEMONA
Tätst du dergleichen um die ganze Welt?

EMILIA
Die Welt ist mächtig weit; der Lohn wär groß,
Klein der Verstoß.

DESDEMONA
Gewiß, du tätst es nicht!

EMILIA
Gewiß, ich täte es und machte es wieder ungetan, wenn ichs getan hätte. Nun freilich täte ich so etwas nicht für einen Fingerring noch für einige Ellen Batist noch für Mäntel, Röcke und Hauben oder solchen armseligen Kram; aber für die ganze Welt - ei, wer hätte da nicht Lust, dem Manne Hörner aufzusetzen und ihn zum Weltkaiser zu machen? Dafür wagte ich das Fegefeuer!

DESDEMONA
Ich will des Todes sein, tät ich solch Unrecht
Auch um die ganze Welt!

EMILIA
Ei nun, das Unrecht ist doch nur ein Unrecht in der Welt, und wenn Euch die Welt für Eure Mühe zuteil wird, so ists ein Unrecht in Eurer eignen Welt. Ihr könnt es geschwind zu Recht machen.

DESDEMONA
Ich glaube doch, es gibt kein solches Weib.

EMILIA
Ei, zehn für eins und noch soviel in Kauf,
Die Welt, um die sie spielten, gleich zu füllen.
Allein mich dünkt, es ist der Männer Schuld,
Daß Weiber fallen. Wenn sie pflichtvergessen

In fremdem Schoß vergeuden unsern Schatz,
Wenn sie, verkehrt in launischer Eifersucht,
Ans Haus uns fesseln, wenn sie gar uns schlagen,
Wenn sie in Leichtsinn unser Gut vertun,
Dann schwillt auch uns die Galle; wir sind fromm,
Doch nicht von Rachsucht frei. Sie sollens wissen,
Wir haben Sinne auch, wir sehn und riechen
Und haben einen Gaum für süß und herbe
Wie unsre Männer. Was bezwecken sie,
Wenn sie uns andre vorziehn? Ist es Lust?
Ich denke, ja. Treibt sie die Leidenschaft?
Ich denke, ja. Ists Schwachheit, die so irrt?
Gewiß. Und haben wir nicht Leidenschaft?
Nicht Hang zur Lust? Und Schwachheit gleich den Männern?
Drum, wenn der Mann sich treulos von uns kehrte,
Wars seine Bosheit, die uns Böses lehrte.

DESDEMONA
Gute Nacht! - Und laß mich, Herr, in fremden Sünden
Nicht eigne Sünde, laß mich Beßrung finden!
Sie gehn ab.

FÜNFTER AKT

ERSTE SZENE

Zypern. Eine Straße

Jago und Rodrigo treten auf.

JAGO
Hier steh am Pfeiler, gleich wird Cassio kommen,
Halt deine Klinge blank und führ sie gut!
Frisch, sei getrost; ich steh dir nah zur Hand.

Dies hebt uns oder stürzt uns, daran denke
Und bleibe fest und standhaft beim Entschluß!

RODRIGO
So steh hier nah, es könnte mir mißlingen.

JAGO
Hier neben dir; sei kühn, nimm deinen Platz ein!
Zieht sich in eine geringe Entfernung zurück.

RODRIGO
Ich bin nicht sehr im Eifer für die Tat,
Und doch sinds triftige Gründe, die er gab.
's geht nur ein Mann drauf. - Komm, mein Schwert! Er stirbt!
Tritt beiseit.

JAGO
Ich rieb die junge Quaddel, bis sie brennt;
Nun macht er Ernst. Jetzt, ob er Cassio mordet,
Ob Cassio ihn, ob sie sich beide morden -
Mir ist das gleich gelegen. Lebt Rodrigo,
So dringt er auf den völligen Ersatz
Des Gelds und Schmucks, um die ich ihn geprellt
Für Desdemona;
Das darf nicht sein. Wenn Cassio übrigbleibt,
So zeigt sein Leben täglich eine Schönheit,
Die mich verhäßlicht, und der Mohr auch möchte
Mich ihm verraten; das wäre sehr bedenklich.
Nein, nein, er sterbe! - Still, ich hör ihn kommen.
Cassio tritt auf.

RODRIGO
Es ist sein Gang, er kommt. - So stirb, du Schurk!
Er läuft auf Cassio zu und verwundet ihn.

CASSIO
Der Degenstoß war feindlich mir gemeint,
Doch ist mein Rock stichfester als du glaubst;
Nun prüf ich deinen!
Zieht und verwundet Rodrigo.

RODRIGO
Weh! Ich bin des Todes!

Jago eilt von seinem Posten hervor, sticht dem Cassio von hinten ins Bein und geht ab.

CASSIO
Gelähmt auf immer! Hülfe! Mörder! Mörder!
Fällt. Othello zeigt sich in einiger Entfernung.

OTHELLO
's ist Cassios Stimme; Jago hält sein Wort!

RODRIGO
O ich Verruchter!

OTHELLO
Horch! Jawohl, so ists.

CASSIO
O Hülfe! Licht! Ein Wundarzt!

OTHELLO
Er ists! O wackrer Jago, brav und treu,
Der du so edel fühlst des Freundes Schmach!
Du lehrst mich: - Püppchen, dein Geliebter fiel,
Und deine Stunde naht, ich komme, Dirne!
Dein Blick, dein Reiz soll mir im Herzen sterben,
Dein sündig Bett das Blut der Sünde färben!

Er geht ab.
Lodovico und Gratiano treten in einiger Entfernung auf.

CASSIO
Kein Wächter da? Kommt niemand? Hülfe! Mord!

GRATIANO
Ein Unglück ganz gewiß, der Schrei war furchtbar.

CASSIO
O Hülfe!

LODOVICO
Horch!

RODRIGO
O niederträchtiger Bube!

LODOVICO
Zwei-, dreimal hört ich ächzen. Grause Nacht!
Das kann Verstellung sein; ich halts nicht sicher,
Dem Schrei zu folgen, eh uns Beistand wird.

RODRIGO
Kommt niemand? Dann muß ich zu Tode bluten.

LODOVICO
Horch!

GRATIANO
Ein Mann hier ohne Wams mit Licht und Degen!
Jago kommt zurück mit einem Licht.

JAGO
Wer da? Was für ein Lärm? Wer rief hier Mord?

LODOVICO
Wir wissens nicht.

JAGO
Habt ihr nicht Schrein gehört?

CASSIO
Hier, hier; um Gottes willen, helft!

JAGO
Was gibts?

GRATIANO
Das ist Othellos Fähnrich, wie ich glaube.

LODOVICO
Ganz recht, er ists; ein sehr beherzter Mann.

JAGO
Wer seid Ihr da, der so erbärmlich ruft?

CASSIO
Jago? Von Schurken bin ich schwer verwundet;
Ach schaff mir Hülfe!

JAGO
Um Gott! Sagt, Leutnant, welche Schurken tatens?

CASSIO
Der eine, denk ich, liegt hier in der Nähe
Und kann nicht fort.

JAGO
O die arglistgen Schurken!
Zu Lodovico und Gratiano.
Wer seid ihr da? Kommt doch heran und helft!

RODRIGO
O helft mir hier!

CASSIO
Der war dabei!

JAGO
O Schurk! O Meuchelmörder!
Jago ersticht den Rodrigo.

RODRIGO
Verdammter Jago! Bluthund! Oh, oh, oh!

JAGO
Im Dunkeln morden! Wo sind die blutigen Diebe?
Wie still sind diese Straßen! Mord! Mord! Mord!
Wie mögt ihr sein? Seid gut ihr oder schlimm?

LODOVICO
Rühmt uns, wie Ihr uns findet.

JAGO
Signor Lodovico?

LODOVICO
Ja, Herr!

JAGO
Verzeihung; hier liegt Cassio, schwer verwundet
Von Schurken.

GRATIANO
Cassio?

JAGO
Sag, wie geht dirs, Bruder?

CASSIO
Ich bin durchs Bein gestochen.

JAGO
Gott verhüt es!
Bringt Licht, Herrn! Mit dem Hemd will ichs verbinden.
Bianca tritt auf.

BIANCA
Was ist geschehn? Wer war es, der so schrie?

JAGO
Wer wars, der schrie?

BIANCA
O liebster Cassio! O mein süßer Cassio!
O Cassio, Cassio, Cassio!

JAGO
O du ausbündge Metze! Cassio, wißt Ihr,
Wer jene waren, die Euch so gelähmt?

CASSIO
Nein.

GRATIANO
Mich schmerzt. Euch so zu sehn, ich sucht Euch eben.

JAGO
Leiht mir ein Strumpfband. So. - O eine Sänfte,
Ihn leise fortzutragen.

BIANCA
Er fällt in Ohnmacht. Cassio, Cassio, Cassio!

JAGO
Ihr Herrn, mir ahnt es, die Verworfne hier
Sei mit verstrickt in diese Greueltat. -
Geduld ein wenig, lieber Cassio! - Kommt,
Ein Licht her - kenn ich den da, oder nicht?
Ach Gott, ist das mein Freund und werter Landsmann,
Rodrigo? Nein - und doch! O Gott! Rodrigo!

GRATIANO
Rodrigo von Venedig?

JAGO
Derselbe; kennt Ihr ihn?

GRATIANO
Ja, allerdings.

JAGO
Signor Gratiano? O Herr, ich bin beschämt;
Der blutige Fall entschuldige meine Rauheit,
Die Euch mißkannt.

GRATIANO
Es freut mich. Euch zu sehn.

JAGO
Cassio, wie gehts? - Die Sänfte! He, die Sänfte!

GRATIANO
Rodrigo!

JAGO
Ja, ja, er ists. - O schön,
Eine Sänfte wird gebracht.
da kommt die Sänfte. -
Tragt ihn mit Sorgfalt heim, ihr guten Leute;

Ich hol Othellos Wundarzt. -
Zu Bianca.
Ihr da, Jungfer,
Spart Eure Müh. - Cassio, der hier gelähmt ward,
Ist sehr mein Freund; was hattet ihr für Streit?

CASSIO
Nichts in der Welt, ich kenn ihn nicht einmal.

JAGO
zu Bianca.
Wie seht Ihr blaß aus? - Tragt ihn aus der Luft! -
Cassio und Rodrigo werden weggetragen.
Bleibt, werte Herrn! - Ihr, Jungfer, seht so blaß aus?
Bemerkt Ihr, wie verstört ihr Auge starrt? -
Nun, bebt Ihr gar, erfahren wir wohl mehr! -
Betrachtet sie, ich bitt Euch, seht sie an;
Nicht wahr. Ihr Herrn? Ihr schlecht Gewissen spricht,
Wenn auch die Zungen gar nicht reden könnten.
Emilia tritt auf.

EMILIA
Was ist geschehn? Ach, Mann, was ist geschehn?

JAGO
Cassio ward hier im Dunkeln angefallen,
Rodrigo wars und andre, die entflohn,
Er ist halb umgebracht; Rodrigo starb.

EMILIA
Ach Gott, der arme Herr! Ach, guter Cassio!

JAGO
Das ist der Unzucht Strafe. - Hör, Emilia,

Frag doch den Cassio, wo er nachts gespeist.
Was? Zittert Ihr davor?

BIANCA
Er aß bei mir. Doch davor zittr ich nicht.

JAGO
Ha, tat er das? Kommt, sag ich, folgt mir nach!

EMILIA
Pfui, schlechtes Weib!

BIANCA
Ich bin kein schlechtes Weib; ich bin so ehrlich
Als Ihr, die so mich schimpft.

EMILIA
Als ich? O pfui!

JAGO
Kommt, Herrn, zu sehn, wie Cassio wird verbunden. -
Ihr, Jungfer, geht, Euch zeigt mans bald noch anders. -
Emilia, lauf zur Zitadell und melde
Dem Herrn und seiner Frau, was hier geschah. -
Ich bitte, geht voran!
Für sich.
Dies ist die Nacht,
Die mich vernichtet oder glücklich macht.
Sie gehn ab.

ZWEITE SZENE

Zypern. Schlafzimmer im Schloß

Desdemona, schlafend im Bett. Ein Licht brennt neben ihr, Othello tritt herein.

OTHELLO
Die Sache wills, die Sache wills, mein Herz!
Laßt sie mich euch nicht nennen, keusche Sterne!
Die Sache wills. - Doch nicht ihr Blut vergieß ich,
Noch ritz ich diese Haut, so weiß wie Schnee
Und sanft wie eines Denkmals Alabaster.
Er legt seinen Degen ab.
Doch sterben muß sie, sonst betrügt sie andre.
Tu aus das Licht, und dann - tu aus das Licht -
Ja, lösch ich dich, du flammenheller Diener,
Kann ich dein vorig Licht dir wiedergeben,
Sollt ichs bereun; doch dein Licht ausgetan,
Du reizend Muster herrlichster Natur,
Nie find ich den Prometheusfunken wieder,
Dein Licht zu zünden. Pflückt ich deine Rose,
Nie kann ich ihr den Lebenswuchs erneun,
Sie muß, muß welken! Dufte mir am Stamm! -
Küßt sie.
O würzger Hauch, der selbst Gerechtigkeit
Ihr Schwert zu brechen zwingt! - Noch einen, noch!
Sei, wenn du tot bist, so; dann töt ich dich
Und liebe dich nachher - noch einen und den letzten!
So süß war nie so tödlich. Ich muß weinen.
Doch sinds grausame Tränen; dieser Schmerz
Ist wie des Himmels, strafend, wo er liebt. -
Sie wacht.

DESDEMONA
Wer da? Othello?

OTHELLO
Ja, Desdemona.

DESDEMONA
Wollt Ihr zu Bett gehn, mein Gemahl?

OTHELLO
Hast du zu Nacht gebetet, Desdemona?

DESDEMONA
Ja, mein Gemahl!

OTHELLO
Kannst du dich einer Sünde noch erinnern,
Nicht ausgesöhnt dem Himmel und der Gnade,
So flehe jetzt alsbald!

DESDEMONA
Ach, mein Gemahl! Was willst du damit sagen?

OTHELLO
Wohl, tu es, und sei kurz, ich geh beiseite;
Nicht möcht ich deinen Geist in Sünden töten
- Nein, Gott verhüts! -, nicht deine Seele töten.

DESDEMONA
Sprichst du von Töten?

OTHELLO
Ja!

DESDEMONA

Dann, gütiger Himmel,
Erbarm dich mein!

OTHELLO

Amen von ganzem Herzen!

DESDEMONA

Wenn du so sprichst, dann wirst du mich nicht töten!

OTHELLO

Hum!

DESDEMONA

Und dennoch fürcht ich dich, denn du bist schrecklich,
Wenn so dein Auge rollt,
Warum ich fürchten sollte, weiß ich nicht,
Da ich von Schuld nichts weiß; doch fühl ich, daß ich fürchte.

OTHELLO

Denk deiner Sünde!

DESDEMONA

Das ist zu dir die Herzensliebe.

OTHELLO

Und dafür stirbst du!

DESDEMONA

Grausamer Tod, der nur um Liebe tötet!
Ach warum nagst du so die Unterlippe?
Dein ganzer Leib erbebt in blutger Wut.
Das sind Vorzeichen; doch ich hoff, ich hoffe,
Sie deuten nicht auf mich.

OTHELLO

Schweig und sei still!

DESDEMONA

Ich schweige; was begehrst du?

OTHELLO

Das Tuch, das ich so wert hielt und dir schenkte;
Du gabst es Cassio.

DESDEMONA

Nein, bei Seel und Leben!
Ruf ihn herbei und frag ihn!

OTHELLO

Behüte, Kind, behüte dich vor Meineid,
Du liegst auf deinem Sterbebette.

DESDEMONA

Ja, doch nicht jetzt zu sterben.

OTHELLO

Ja, alsbald!
Darum bekenn aufrichtig deine Sünde;
Denn jeden Punkt mit einem Eid verleugnen,
Höb auf nicht, traf nicht meine Überzeugung,
Die mein Herz stöhnen macht. Du stehst vorm Sterben!

DESDEMONA

Dann, Gott, erbarm dich mein!

OTHELLO

Ich sage Amen!

DESDEMONA

Auch du erbarm dich mein! Nie hab ich dich

Jemals beleidigt, Cassio nie geliebt,
Als mit der Liebe, die der Himmel selbst
Gestattet, niemals gab ich ihm ein Pfand.

OTHELLO
Bei Gott, ich sah mein Tuch in seinen Händen.
Meineidig Weib! Du machst mein Herz zu Stein
Und gibst dem Namen Mord dem, was ich tun will,
Was ich als Opfer meinte. -
Ich sah das Tuch.

DESDEMONA
So hat ers denn gefunden;
Nie hab ichs ihm gegeben; ruf ihn her,
Daß er bekennt, wie 's ist.

OTHELLO
Er hat bekannt.

DESDEMONA
Was, teurer Herr?

OTHELLO
Daß er dein Freund gewesen.

DESDEMONA
Wie? Unerlaubt?

OTHELLO
Ja!

DESDEMONA
Das kann er nicht sagen!

OTHELLO
O nein, sein Mund ist stumm;
Der treue Jago hat dafür gesorgt.

DESDEMONA
Oh, meine Furcht erklärt das. Wie? Er tot?

OTHELLO
Ob jedes Haar ein Leben war, mein Grimm
Verschlang sie alle.

DESDEMONA
O Gott! Er ist verleumdet, ich verloren!

OTHELLO
Ha, Metze! Weinst um ihn vor meinen Augen?

DESDEMONA
Verstoße mich! O töte mich nur nicht!

OTHELLO
Nieder mit dir, Metze!

DESDEMONA
Töte mich morgen, laß mich heut noch leben!

OTHELLO
Kein Sträuben!

DESDEMONA
Nur ein Stündchen!

OTHELLO
Ists geschehn,
Gibt es kein Zaudern mehr.

DESDEMONA
Nur, bis ich noch gebetet!

OTHELLO
's ist zu spät.
Er erstickt sie.

EMILIA
draußen.
Mein gnädiger Herr! He! Holla! Gnädiger Herr!

OTHELLO
Was für ein Lärm? Nicht tot? Noch nicht ganz tot?
Ich bin zwar grausam, aber doch barmherzig;
Nicht möcht ich dir verlängern deine Qual.
[Ersticht sie mit dem Dolch.]
So, so.

EMILIA
draußen.
He, holla! Gnädiger Herr!

OTHELLO
Wer da?

EMILIA
draußen.
O bester Herr, nur auf ein Wort mit Euch!

OTHELLO
Ja! 's ist Emilia. - Gleich! - Jetzt ist sie tot.
Gewiß, sie kommt und meldet Cassios Tod;
Der Lärm war groß. - Ha! Regst du dich nicht mehr?
Still, wie das Grab. - Darf sie herein? Wärs gut?
Mir deucht, sie rührt sich. - Nein. - Was ist das Beste?

Kommt sie, wird sie nach meinem Weibe fragen -
Mein Weib! Mein Weib! Welch Weib? Ich hab kein Weib!
O unerträglich! O furchtbare Stunde!
Nun, dächt ich, müßt ein groß Verfinstern sein
An Sonn und Mond und die erschreckte Erde
Sich auftun vor Entsetzen.

EMILIA
draußen.
Ich bitt Euch dringend, gönnt mir nur ein Wort,
O bester Herr!

OTHELLO
Oh, ich vergaß dich. Komm herein, Emilia!
Sacht - gleich, sogleich! - Ich zieh den Vorhang zu. -
Wo kommst du her?
Er schließt die Tür auf. Emilia tritt herein.
Was hast du mir zu sagen?
Er schließt die Tür auf, Emilia tritt herein.

EMILIA
O lieber Herr, ein sündiger Mord geschah.

OTHELLO
Wie, jetzt?

EMILIA
Jetzt eben, Herr.

OTHELLO
Das hat wahrhaftig nur der Mond verschuldet;
Er kommt der Erde näher, als er pflegt,
Und macht die Menschen rasend.

EMILIA

Cassio, Herr,
Bracht einen jungen Venezianer um,
Genannt Rodrigo.

OTHELLO

Was! Rodrigo tot?
Und Cassio tot!

EMILIA

Nein, Cassio ist nicht tot.

OTHELLO

Cassio nicht tot? Dann klingt der Mord verstimmt,
Und rauh die süße Rache.

DESDEMONA

O ungerechter Mord!

EMILIA

Gott! Welch ein Schrei war das?

OTHELLO

Das? Was?

EMILIA

O heiliger Gott! Die Stimme meiner Herrin!
Helft, helft, o helft! O Teure, sprecht noch einmal!
O Desdemona, süße Herrin, sprecht!

DESDEMONA

Ich sterbe schuldlos.

EMILIA

Oh! Wer hat die Tat
Vollbracht?

DESDEMONA
Niemand - ich selber - lebe wohl!
Empfiehl mich meinem gütigen Herrn - leb wohl!
Sie stirbt.

OTHELLO
Wie wär sie denn ermordet?

EMILIA
Gott! Wer weiß es?

OTHELLO
Du hörtst es von ihr selbst, ich tat es nicht.

EMILIA
So sagte sie, so muß ichs treu berichten.

OTHELLO
Sie fuhr als Lügnerin zur Flammenhölle:
Ich war ihr Mörder!

EMILIA
So mehr Engel sie,
Und Ihr so schwärzrer Teufel!

OTHELLO
Sie fiel der Sünd anheim und ward zur Hure.

EMILIA
Nein, du verleumdest sie, du bist ein Teufel!

OTHELLO
Sie war wie Wasser falsch.

EMILIA
Und du bist wild wie Feuer, wenn du sie
Der Falschheit zeihst! Oh, sie war himmlisch treu!

OTHELLO
Cassio verführte sie; frag deinen Mann!
Verdammt wär ich zum tiefsten Höllenabgrund,
Wenn ich nicht vorschritt auf gerechtem Grund
Zu diesem Äußersten. Dein Mann weiß alles.

EMILIA
Mein Mann?

OTHELLO
        Dein Mann.

EMILIA
                Daß sie die Ehe brach?

OTHELLO
Ja doch, mit Cassio. Wär sie treu gewesen -
Schuf mir auch eine zweite Welt der Himmel
Aus einem fehllos reinen Chrysolith,
Ich gab sie nicht dafür.

EMILIA
                Mein Mann!

OTHELLO
Jawohl, er wars, der mich zuerst gewarnt,
Er ist ein Ehrenmann und haßt den Schlamm
Schandbarer Greueltat.

EMILIA
                Mein Mann?

OTHELLO
Wozu die Wiederholung, Weib? Ich sags: dein Mann.

EMILIA
O teure Frau, Bosheit treibt Spott mit Liebe!
Mein Mann sagt, daß sie falsch ist?

OTHELLO
Weib, er sagts,
Dein Mann, dein Mann, verstehst du?
Mein Freund, dein Mann, der wackre, wackre Jago.

EMILIA
Sagt' ers, mag ihm die giftige Seele täglich
Verfaulen um 'nen Gran! Er lügt als Schelm;
Sie liebte nur zu sehr ihr schmutzig Eigen.

OTHELLO
Ha!

EMILIA
Tu dein Ärgstes;
So wert ist diese deine Tat des Himmels,
Als ihrer du.

OTHELLO
Am besten wohl, du schwiegst.

EMILIA
Du hast nicht halb die Kraft, mir weh zu tun,
Als ichs zu tragen. Dummkopf! Blöder Tor!
Hirnlos wie Kot: die Tat, die du getan -
Was kümmert mich dein Schwert? Ich mach es kund,
Und gält es zwanzig Leben. Helft, helft, helft!

Der Mohr hat meine Frau erwürgt: Mord! Mord!
Montano, Gratiano und Jago treten auf.

MONTANO
Was geht hier vor? Was gibt es, General?

EMILIA
O kommst du, Jago? - Ei, du machst es schön,
Daß andre ihre Mordtat auf dich schieben.

GRATIANO
Was geht hier vor?

EMILIA
Straf diesen Bösewicht Lügen, wenn du Mann bist!
Er spricht: du sagtest ihm, sein Weib sei falsch.
Ich weiß, das tatst du nicht, du bist kein Schelm;
Sprich, denn mein Herz ist voll.

JAGO
Ich sagt ihm, was ich dachte; sagt auch nichts,
Als was er selbst glaubwürdig fand und wahr.

EMILIA
So hast du je gesagt, sie sei nicht treu?

JAGO
Ich tats.

EMILIA
Das war 'ne Lüge; schnöde, höllische Lüge!
Bei Gott, 'ne Lüge, recht verdammte Lüge!
Sie falsch mit Cassio? Sagtest du, mit Cassio?

JAGO
Mit Cassio, Weib; still! Bändige deine Zunge!

EMILIA
Die Zunge bändigen? Reden will ich laut:
In ihrem Bett liegt meine Frau ermordet!

ALLE
O Gott verhüt es!

EMILIA
Und dein Verhetzen stiftete den Mord!

OTHELLO
Nein, starrt nicht so. Ihr Herrn, 's ist wirklich wahr.

GRATIANO
Unselige Wahrheit!

MONTANO
Ungeheure Tat!

EMILIA
O Schurkerei, verruchte Schurkerei!
Ich denke dran - ich denk - ich merks - o Schurkerei!
Ich dacht es gleich - vor Gram möcht ich mich töten!
O Schurkerei, o Schurkerei!

JAGO
Was, bist du toll? Geh gleich nach Haus, befehl ich.

EMILIA
Ihr edlen Herrn! Vergönnt mir, daß ich rede!
Ihm zu gehorchen ziemt mir, doch nicht jetzt.
Vielleicht geh ich nie mehr nach Hause, Jago.

OTHELLO
Oh, oh, oh, oh!
Über seine Frau gebeugt.

EMILIA

Ja, wirf dich hin und brülle,
Weil du gemordet hast die holdste Unschuld,
Die je den Blick erhob.

OTHELLO
erhebt sich.

Oh, sie war schlecht.
Ich sah Euch nun erst, Ohm; ja, diese Hand
Hat wirklich Eure Nichte jetzt ermordet.
Ich weiß, die Tat sieht greulich aus und schwarz.

GRATIANO
Du armes Kind! Gut, daß dein Vater starb;
Dein Bündnis ward ihm tödlich. Gram allein
Zerschnitt den alten Faden; lebt' er jetzt,
Der Anblick würd ihn in Verzweiflung stürzen,
Daß er den guten Engel von sich fluchte,
Sein Seelenheil gefährdend.

OTHELLO
Ja, es ist jammervoll! Doch Jago weiß,
Daß sie die schnöde Tat mit diesem Cassio
Wohl hundertmal beging, Cassio gestands,
Und sie vergalt ihm seine Liebesglut
Mit dem Gedächtnispfand und Brautgeschenk,
Das ich ihr gab; ich sahs in seiner Hand.
Es war ein Tuch, ein altes Angedenken,
Das einst mein Vater meiner Mutter gab.

EMILIA
O all ihr Himmelsmächte!

JAGO

Willst du schweigen?

EMILIA
Es muß heraus, heraus! Jetzt schweigen? Nein,
Nein, ich will reden, ungehemmt, wie Nordwind.
Laß Himmel, Menschen, Teufel, alle, alle,
Schmach rufen über mich, ich rede doch!

JAGO
Sei klug und geh nach Haus!

EMILIA
Ich will nicht!
Jago macht Miene, sie zu erstechen.

GRATIANO
Pfui!
Den Degen auf ein Weib?

EMILIA
O dummer Mohr! Das Tuch, von dem du sagst,
Fand ich durch Zufall und gabs meinem Manne;
Denn oft mit feierlichem Ernst und Nachdruck,
Mehr als für solche Kleinigkeit sich ziemte,
Hieß ers mich stehlen.

JAGO
Du verdammte Metze!

EMILIA
Sie gab es Cassio? Nein, ach nein! Ich fands
Und gab es meinem Mann.

JAGO
Du Dreck, du lügst!

EMILIA
Bei Gott, ich lüg nicht, nein, Ihr edlen Herrn!

Mördrischer Narr! Was sollt auch dieser Tropf
Mit solcher guten Frau?
Jago ersticht seine Frau und läuft fort.

OTHELLO
Gibts keinen Keil im Himmel
Als nur zum Donner? - Auserlesner Schurke!

GRATIANO
Sie sinkt, wahrhaftig, er erstach sein Weib!

EMILIA
Ja, ja, o legt mich neben meine Herrin!

GRATIANO
Er lief davon, doch seine Frau ist hin.

MONTANO
's ist ein Erzbösewicht. - Bewahrt dies Schwert,
Das ich jetzt hier dem Mohren weggenommen.
Besetzt die äußre Tür, laßt ihn nicht durch;
Erstecht ihn ehr! Ich will dem Buben nach,
Denn der ist ein verdammter Hund.
Montano und Gratiano ab.

OTHELLO
Ich bin auch nicht mehr tapfer:
Nein, jeder winzige Knab nimmt mir mein Schwert.
Was soll auch Ehre Tugend überleben?
Fahr alles hin!

EMILIA
Herrin, was sang dein Lied?
Hörst du mich noch? Ich will den Schwan nun spielen,
In Tönen sterben. Weide, Weide, Weide! -

Mohr, sie war keusch; sie liebte dich, Barbar!
So werde Heil mir, wie ich Wahrheit zeuge:
Und redend wie ich denke, sterb ich - sterb ich.
Sie stirbt.

OTHELLO
Ich hab noch einen Degen hier im Zimmer,
Es ist ein spanisch Schwert, in Eis gehärtet.
Aha, hier ists! - Oheim, ich muß hinaus.

GRATIANO
draußen.
Wenn du's versuchst, wirst du es teuer büßen,
Du bist wehrlos und mußt dich unterwerfen.

OTHELLO
So komm denn hier herein und sprich mit mir,
Sonst mit der nackten Faust fall ich dich an.

GRATIANO
im Hereintreten.
Was willst du mir?

OTHELLO
Sieh her, ich hab ein Schwert!
Ein beßres hat noch nie geschmückt die Hütte
Eines Soldaten. Wohl war einst der Tag,
Wo mir der kleine Arm, dies gute Schwert
Den Ausgang schaffte durch mehr Hindernis
Als zwanzigmal dein Zwang. Doch eitles Prahlen!
Wer lenkt sein Schicksal? Das ist jetzt vorbei. -
Seid nicht erschreckt, daß Ihr bewehrt mich seht;
Hier ist mein Reiseziel, mein Ankerplatz,
Die fernste Seemark für mein ruhend Schiff.
Trittst du zurück in Furcht? Du bangst ohn Grund.

Zück nur ein Schilfrohr auf Othellos Brust,
Er weicht ihm. Wohin sollt Othello gehn? -
Ach, wie siehst du nun aus, o Kind des Jammers,
Bleich, wie dein Tuch! Wenn wir am Thron erscheinen,
Wird dies dein Bild mich fort vom Himmel schleudern,
Wo Furien mich ergreifen. Kalt, mein Mädchen?
Wie deine Keuschheit!
O ich verfluchter Sklav! Peitscht mich, ihr Teufel,
Weg von dem Anblick dieser Himmelsschönheit!
Stürmt mich in Wirbeln! Röstet mich in Schwefel,
Wascht mich in tiefen Schlünden flüssiger Glut!
O Desdemona, Desdemona! Tot? -
Oh! Oh! Oh!
Lodovico, Cassio, auf einem Stuhl hereingetragen, Montano, Jago als Gefangener und Offiziere.

LODOVICO
Wo ist der rasche, höchst unselige Mann?

OTHELLO
Hier steht, der einst Othello war; hier bin ich.

LODOVICO
Wo ist die Natter? Führt den Schurken vor!

OTHELLO
Ich seh ihm auf den Fuß; doch das ist Fabel. -
Bist du ein Teufel, kann ich dich nicht töten.
Othello verwundet den Jago.

LODOVICO
Nehmt ihm sein Schwert!

JAGO
Ich blute, doch ich lebe.

OTHELLO
Sonst tät es mir auch leid. Du sollst noch leben;
Denn wie ich fühl, ist Tod Glückseligkeit.

LODOVICO
O du, Othello, sonst so groß und gut,
Umgarnt von Schlingen eines Bösewichts!
Was soll man von dir sagen?

OTHELLO
Wenn ihr wollt:
Daß ich ein ehrenvoller Mörder sei.
Denn nichts tat ich aus Haß, für Ehre alles.

LODOVICO
Halb hat der Sklav sein Schurkenstück bekannt.
Habt Ihr mit ihm in Cassios Tod gewilligt?

OTHELLO
Ja.

CASSIO
Teurer Herr, ich gab Euch niemals Grund.

OTHELLO
Ich glaube es und bitt um dein Verzeihn. -
Wollt Ihr von diesem Teufel wohl erfragen,
Warum er Seel und Leib mir so verstrickt?

JAGO
Fragt mich um nichts mehr! Was Ihr wißt, das wißt Ihr.
Von dieser Stund an rede ich kein Wort.

LODOVICO
Was? Nicht zum Beten?

GRATIANO

Folter wird dichs lehren.

OTHELLO

Gut, du tust so am besten.

LODOVICO

Ihr sollt erfahren, Herr, was sich begab;
Noch glaub ich, wißt Ihrs nicht. Hier ist ein Brief,
Der sich in des Rodrigo Tasche fand,
Und hier ein zweiter. Jener dort enthält,
Wie zu dem Mord an Cassio aufgefordert
Rodrigo ward.

OTHELLO

Nichtswürdiger!

CASSIO

Höchst heidnisch, höchst verrucht!

LODOVICO

Ein andrer Brief, verstimmt und voller Zweifel,
Gefunden auch bei ihm; und diesen, scheints,
Wollte Rodrigo an den Schurken senden,
Doch kam indes wohl Jago selbst zu ihm,
Ihn zu beruhigen.

OTHELLO

Meuchlerischer Hund! -
Wie kamst du, Cassio, denn zu jenem Tuch
Von meiner Frau?

CASSIO

Ich fands auf meinem Zimmer;
Und er gestand in diesem Augenblick,

Daß ers dort fallen ließ aus eigner Absicht,
Zu schlechtem Zweck.

OTHELLO
O Tor, Tor, Tor!

CASSIO
Dann weiter steht im Brief Rodrigos noch
Der Vorwurf, wie ihn Jago aufgehetzt,
Mir auf der Wach zu trotzen, was bewirkte,
Daß abgesetzt ich ward, und eben sagt' er
- Erwacht vom Scheintod -, daß ihn Jago reizte,
Mich anzufallen, und ihn dann erstach.

LODOVICO
Ihr müßt jetzt mit uns dieses Haus verlassen,
Gewalt und Vollmacht sind Euch abgenommen;
Cassio befiehlt in Zypern. Dieser Schurke -
Gibts irgendeine recht geschärfte Marter,
Die lang ihn hinhält und erfindrisch quält,
Die sei für ihn. Ihr bleibt in strenger Haft,
Bis über Eure Tat berichtet ward
Dem Staat Venedigs. - Geht und führt ihn weg!

OTHELLO
Gemach! Nur noch zwei Worte, eh Ihr geht.
Ich tat Venedig manchen Dienst, man weiß es;
Nichts mehr davon. In Euren Briefen, bitt ich,
Wenn Ihr von diesem Unheil Kunde gebt,
Sprecht von mir, wie ich bin, verkleinert nichts,
Noch setzt in Bosheit zu. Dann müßt Ihr melden
Von einem, der nicht klug, doch zu sehr liebte,
Nicht leicht argwöhnte, doch einmal erregt,
Unendlich raste, einem, dessen Hand,

Dem niedern Juden gleich, die Perle wegwarf,
Mehr wert als all sein Volk; des überwundnes Auge,
Sonst nicht gewöhnt zu schmelzen, sich ergießt
In Tränen, wie Arabiens Bäume taun
Von heilungskräftigem Balsam. Schreibt das alles
Und fügt hinzu, daß in Aleppo, wo
Ein giftiger Türk in hohem Turban einst
'nen Venezianer schlug und schalt den Staat,
Ich den beschnittnen Hund am Hals ergriff
Und traf ihn - so!
Er ersticht sich.

LODOVICO
O blutiges Ende!

GRATIANO
Umsonst nun unser Wort.

OTHELLO
Ich küßte dich,
Eh ich dir Tod gab; nun sei dies der Schluß:
indem er auf Desdemona fällt.
Mich selber tötend sterb ich so im Kuß.

CASSIO
Dies fürchtet ich - doch glaubt ihn ohne Waffen -
Denn er war hochgesinnt.

LODOVICO
zu Jago.
Spartanischer Hund,
Verderblicher als Hunger, Pest und Meer!
Schau dort die tragische Bürde dieses Betts:
Das ist dein Werk. Das Aug erliegt dem Anblick;
Verhüllt ihn. - Ihr, Gratiano, bleibt im Schloß

Und nehmt des Mohren Güter in Beschlag,
Denn Ihr beerbt ihn.
                              Euch, Herr Gouverneur
Liegt ob, zu strafen diesen höllischen Schurken:
Die Zeit, der Ort, die Marter - o verschärft sie! -
Ich will sogleich an Bord und dem Senat
Mit schwerem Herzen künden schwere Tat.
Alle gehen ab.